编 委 会

武陵酒图志

廖新其　主编

文物出版社

图书在版编目（CIP）数据

武陵酒图志 / 廖新其主编. -- 北京 ： 文物出版社,
2024. 12. -- ISBN 978-7-5010-8624-5

Ⅰ. F426.82

中国国家版本馆CIP数据核字第2024XL7482号

武陵酒图志

主　　编：廖新其

责任编辑：孙　霞

责任印制：王　芳

摄　　影：杨　罡

出版发行：文物出版社

地　　址：北京市东城区东直门内北小街2号楼

邮　　编：100007

网　　址：http://www.wenwu.com

邮　　箱：wenwu1957@126.com

经　　销：新华书店

印　　制：北京雅昌艺术印刷有限公司

开　　本：889mm×1194mm　1/16

印　　张：23.5

版　　次：2024年12月第1版

印　　次：2024年12月第1次印刷

书　　号：ISBN 978-7-5010-8624-5

定　　价：999.00元

江湖空余绝响 于是武陵故郡

诗出国手 酒压群芳 人才辈出 其胜不可名状

嗟乎 事有不期 人有无常

酒好还须避巷子 幡旗自古不张扬

想当年 风华绝代 一瓶难得

叹后来 烽烟乍起 百舸争流

因循守旧 不进则退 数易其主

功亏一篑 可怜疆土 任人蹂躏

世人解听不解赏 良酱深藏功与名

滤糟坊外 荒草青青

且喜天无绝路 水无尽流

先有联想 千淘万漉 后有衡水 吹沙到金

宝剑终投明主 将军试拂铁衣

新坊千亩 锁定大酱战略

宏图万吨 重分白酒江湖

一鹤排云 敢学灵均作天问

两强联手 试吟竹调香令朝

岁在己亥 时逢新世 胜友增辉分 高朋云集

沅水流觞分 秋分在即

封我神坛分 酿我玉液

登彼高台分 举我金罍

一樽慰天地 二樽祭国殇 三樽祈国运

四海传佳酿 且就洞庭赊月色 暂凭杯酒长精神

天下太平分 当饮武陵

民族复兴分 痛饮武陵

乃抽琴命操 作武陵酒之歌 歌云

治世何须安林薮 醉乡风景酒兼诗

樽对青山琴对月 人间便是武陵溪

己亥年癸酉月

武陵酒赋
陆群

昔善卷隐于武陵，而天下常有德。是域也，当翼轸之分，东衔洞庭，西扼川黔，南锁五溪，北通三峡。溪深壑僻，风光旖旎；民丰物阜，人文荟萃；自古神仙府，从来清绝地；千秋战史记名城，百世英豪留胜迹。

夫清酿美酒，始于未耜；粮为其本，水为其质。武陵有水，曰酉曰澧，均以酒名，天下无比；武陵有井，其名崔婆，泉甘且冽，地上无多；武陵有址，城头彭头，遗稻遗鬶，万年酒都。斯郡多佳醪，乡人多忘愁。避地焉知魏晋，樽风不让醉侯。劝酒相欢不知老，风流自古属朗州。

今之武陵酒者，诞于国初，奠基崔井。先承古法，蒸煮沅湘为浓酿；后遵官命，拜师遵义学酱香。其为酝也，法之于古，而不拘于古；取之于茅，而意不在茅。其开坛也，香飘十里，百工挥泪。酒痫闻之，茅台无异；茅工品之，惊为奇迹。自此，黄金一带，茅武争雄，同门两派，把酒而相惜焉。

然则武陵之志，固非燕雀之志；武陵之酒，岂邯郸之酒哉？其为饮也，酸涩无踪，优雅绵柔；焦香杳杳，殊不露头；老酱拂喉，若隐若留。十年磨一剑，霜刃曾初试；八年再会师，泸州人济济。利剑出鞘，满堂皆慌。斩棘荣登金榜，江湖空余绝响。于是武陵故郡，诗出国手，酒压群芳，人才辈出，其胜不可名状。

武陵酒赋

昔善卷隐于武陵 而天下常有德

是域也 当翼轸之分

东衔洞庭 西拓川黔 南镇五溪 北通三峡

溪深壑僻 风光旖旎 民丰物阜 人文荟萃

自古神仙府 从来清绝地

千秋战史记名城 百世英豪留胜迹

夫清酿美酒 始于来耜 粮为其本 水为其质

武陵有水 曰沅曰澧 均以酒名 天下无比

武陵有井 其名雀婆 泉甘且冽 地上无多

武陵有址 城头彭头 遗稻遗鬶 万年酒都

斯郡多佳酿 乡人多忘愁

避地焉知魏晋 樽风不让醉侯

劝酒相欢不知老 风流自古属朗州

今之武陵酒者 诞于困初 奠基雀井

先承古法 蒸煮沅湘为浓酿

后遵官命 拜师遵义学酱香 其为酽也

法之于古 而意不在古

取之于茅 而意不拘于茅

其开坛也 香飘十里 百工挥泪

酒痴闻之 茅台无异 茅工品之 惊为奇迹

自此 黄金一带 茅武争雄

同门两派 把酒而相惜焉

然则武陵之志 固非燕雀之志

武陵之酒 岂邯郸之酒哉

其为饮也 酸涩无踪 优雅绵柔 焦香杳杳

殊不露头 老酱拂喉 若隐若留

十年磨一剑 霜刃曾初试

嗟乎！事有不期，人有无常。酒好还须避巷子，幡旗自古不张扬。想当年，风华绝代，一瓶难得；叹后来，烽烟乍起，百舸争流。因循守旧，不进则退；数易其主，功亏一篑。可怜疆土，任人蹂躏；滤糟坊外，荒草青青。世人解听不解赏，良"酱"深藏功与名！

且喜天无绝路，水无尽流。先有联想，千淘万漉；后有衡水，吹沙到金。宝剑终投明主，将军试拂铁衣。新坊千亩，锁定大酱战略；宏图万吨，重分白酒江湖。一鹤排云，敢学灵均作天问；两强联手，试吟竹调看今朝。

岁在己亥，时逢新世。胜友增辉兮，高朋云集。沅水流觞兮，秋分在即。封我神坛兮，酿我玉液。登彼高台兮，举我金罍。一樽慰天地，二樽祭国殇，三樽祈国运，四海传佳酿。且就洞庭赊月色，暂凭杯酒长精神。天下太平兮，当饮武陵！民族复兴兮，痛饮武陵！乃抽琴命操，作《武陵酒之歌》。歌云：治世何须安林薮，醉乡风景酒兼诗。樽对青山琴对月，人间便是武陵溪！

己亥年癸酉月

中国武陵 名酒酱香
中国三大酱香名酒之一*

*注：1988年第五届全国评酒会上，三款酱香型白酒获得金质奖章，列为国家名优白酒，其中之一为武陵牌武陵酒

特色之路　武陵新篇

当前，中国酒类产业的发展格局正处于调整优化之中。在可持续的产业发展趋势下，酒类产业发展集中度进一步向优势产区、名酒企业、名酒品牌等领域聚力，而产能优化、品质升级、科技创新、文化引领、消费体验、服务提升则是中国白酒高质量发展的关键所在。具有产区特色、品类特色、工艺特色、风味特色、品牌特色的白酒企业和品牌将迎来新的发展机遇。其中，酱香型白酒经过近年来的高速增长之后，也将进入新一轮的业态调整，步入更加理性的可持续发展阶段。在美美与共、各美其美的产业格局及消费市场多元化的大趋势下，酱香型白酒的特色化发展是其未来发展新的着力点。主要体现在以下四方面：

第一，产区特色是发展之路的方向指引。

好山好水酿好酒，是共识也是常理。一个具有地域特色的优质产区，至少具备四个要素，即灿烂悠久酿造历史，得天独厚自然环境，酿造微生态环境，产业引领性名酒品牌。武陵酒地处洞庭湖湿地，其独有的地貌环境、丰富水系构成独特的酿造微生态环境，使得武陵酒酱香品质独特。同时，使得武陵酒业在名酒新时代彰显出独树一帜的产区价值、名酒价值。

第二，品质特色是发展之路的永恒基石。

中国白酒的长周期特性，品质是关键。中国白酒的高质量发展，品质是根基。同样，当我们谈论酱香型白酒的特色发展之路时，品质同样是核心竞争力。由历届全国评酒大会铸就的"中国名酒"称号，无疑是对品质坚守的最高褒奖。在1989年举行的第五届全国评酒会上，武陵酒荣获"中国名酒"称号，并获国家金质奖。数十年来，武陵酿酒人始终不渝地坚守酿造品质，使得武陵酒之"中国名酒"的金字招牌经历了岁月洗礼，今天依然熠熠生辉。

第三，风味特色是发展之路的不竭动力。

武陵酱香酒从一开始就坚持学创结合，在传统大曲酱香型白酒酿造工艺的基础上不断创新。其独创的整粒浸泡润粮工艺以及超高温大曲培育工艺，酿造了武陵酒焦香幽雅，谐调丰润的独特口味。

第四，文化特色是发展之路的灵魂源泉。

千百年来，咸集文人墨客，忙煞古今游人，陶渊明、孟浩然、王维、杜牧、刘禹锡、苏轼等，都留下了关于美酒的名诗佳作。武陵酒自诞生之日起便赋予了这种深厚的人文情怀与性格。而这些深厚的文化资源亟待开发和利用。

中国酒业的长期发展，其根在百花齐放；酒业的未来图景，也一定是美美与共。武陵酒丰厚的内涵，坚持品质为先的理念，丰富风格的表达，在以发扬文化特色为主导的高质量发展思路的指引下，坚持走特色发展之路，为美好生活奉献美酒佳酿，为湘酒打造特色产区贡献力量，为中国名酒发展谱写新的篇章。

中国酒业协会理事长

桃花源里美好武陵

在中国的酱香型白酒的业界中，武陵酒柔和纯净的风味特色，独树一帜。其柔和如春风化雨温暖人心，其纯净是明心见性永葆初心。这是武陵酒经过岁月积淀、时光洗礼而成的品格。如今我们在武陵酒发展历程的长河中拾贝，用一本《武陵酒图志》——记录武陵酒在中国酒史中那些令人难忘的瞬间。同时，也观照到中国酒业的发展演变的历史进程。

时光回溯至 6500 年前，中国酿酒史上迎来一次划时代意义的"革命"，在武陵酒所处的常德，有一处名为城头山的地方，它被誉为"中国最早的城市"。在这里，先民们开始用富余的粮食酿酒，后人在城头山周边地区发现的陶觚和温锅便是实证。这两件酒器，没有任何纹饰，极具原始性，它们应是早期的史前酒器。发酵技术的发明和应用，说明了人类生产力的提升，是人类进化史和文明史的质变。中国酿酒史自此开始，这也是关于常德酿酒最远古的记录。

与之一脉相承的是，武陵酒见证了中国酿酒史的第二次飞跃。在北宋朱肱所撰《北山酒经》中，有国人对酒曲的认识发生根本性转变的记载。《北山酒经》中载有酒曲 13 种，其中最引人注目的是关于武陵酒的桃源酒法："取神麴二十两……令净，以水清为度……熟后三五日，瓮头有澄清者，先取饮之，蠲除万病，令人轻健。纵令酣酗，无所伤。此本于武陵桃源中得之，久服延年益寿。此方尽桃源中真传也。……凡造诸色酒，经春暖后，即一瓮自成美酒矣。"这一酿酒法与当今武陵酒春季取酒的工艺、醇净幽雅的风格如出一辙。古人的智慧与今人的创新在时间长河中遥相呼应。

时光划入现代，武陵酒创造了又一次飞跃。20 世纪 70 年代，武陵酒开启了酱酒酿造。而当时的白酒业界盛传"出了茅台镇酿不出酱香酒"之语。此言在数十年内无人敢逾矩。直到 1972 年，武陵酒根据常德地区的湿地环境，因地制宜创新了酱酒酿造中的众多工艺环节。这些创举打破了上述所谓的"规矩"，法之于古而不拘于古，诞生了有史以来第一瓶武陵酒，也成为独属于湖南的酱香酒。1988 年，武陵酒成为中国名酒，而这仅仅历时 16 年。作为出了茅台镇中国最年轻的名酒，武陵酒创造了中国酒史的奇迹。

武陵酒所经历的三次飞跃，在中国酒史中都具有划时代的意义，是创新突破带来的硕果。在此，我们谨以《武陵酒图志》为大家呈现更多的精彩华章。犹如一千多年前武陵人误入桃花源，向世人描述的那个美好世界，如今武陵酒用不变的品质，让桃花源的诗意与现实交融，用极致的优雅演绎东方的浪漫美学。

我们愿意同大家一起，去探索、去追寻、去创新，直至发现美好生活的真谛。

武陵酒有限公司总经理

目　录

第四章　1990～1998年　因地制宜　砥砺前行

第五章　1999～2006年　探索阶段　曲折发展

第六章　2007年至今　复兴壮大　品质传承

第七章　琥珀系列

第八章　兼香型　浓香型　米香型

第九章　品质密码

第十章　以文化为核心的未来发展战略

编后记

崔婆井遗址

第一章
1970年之前

历史溯源　匠人酱心

历史溯源

悠久历史　源于千年的酿酒历史

先秦时代
武陵人们便有摆"春台席"置酒"与之合饮",证明酒的重要地位

五代十国
武陵"崔家酒"闻名,有诗云"武陵城里崔家酒,地上应无天上有"证明酿酒饮酒成风

明代时期
《常德府志》曾记载,著名诗人应付平幸饮德酒后诗云:"老妪香菊古瓦盆,当时胜入杏花村。"证明文人墨客也钟爱常德美酒

新石器时代
常德澧县城头山遗址发掘了世界最早的水稻和酒器,证明6500年前常德先民已学会制酒

东晋时代
《桃花源记》"设酒杀鸡作食";《齐民要术》载有西晋时期常德桃源的酿酒法证明酿酒技术开始发展证明酒的重要地位

宋代时期
《北山酒经·神仙酒法》提到武陵桃源酒的酿法"取神曲二十两,细剉如枣核大,曝干,取河水一斗澄清…";神宗熙宁年,常德产酒"鼎州白玉泉""桃源酒"达"五万贯"以上证明酿酒技术已成熟,售酒饮酒文化十分兴盛

酿酒历史图

　　常德是湖南省建城最早的城市之一。位于湖南省西北部,地处武陵山脉,沅水、澧水穿境而过;属亚热带湿润季风气候,四季分明,春夏多雨,秋冬寒冷,适宜农作物生长;地势较为平坦,地形以平原为主,土壤肥沃,适合农作物的种植和收获;水资源丰富,有许多天然湖泊和河流,提供了大量的水资源,有利于酿酒过程中优质水体的供应和质量的控制。

　　"常德"一词最早见于《老子》:"天下为溪,常德不离。"又见于西汉毛氏《诗·常武》序:"有常德以立武事,因以为戒焉。"北宋政和七年(1117),鼎州设常德军,后升为常德府,"常德"之名沿袭至今。

　　常德市历史悠久,有着丰富的酿酒文化和传统,这为酿酒提供了良好的历史背景和经验积累。常德古称武陵,为湖南湘西北重镇。汉高祖时,置武陵郡。武陵酿酒历史源远流长,百姓乐酒,酒文化堪称发达,传承数千年。山川秀美的常德被今人誉为"烟都、纺城、酒乡"和"洞庭明珠",古武陵文化圈的"酉水"和"澧水",与酒文化有着相当密切的联系。

　　9000年前,澧县澧阳平原就开始种植稻谷,石门、慈利一带盛产高粱、玉米。稻谷、高粱、玉米均"可饭可酿"。在常德发现的5000年前饮酒的陶觚就是明证。城头山遗址是其中最主要的代表,被命名为"城头山文化"。它是我国新石器时代最早而文化内涵比较典型的遗址之一。

　　1997年,在澧县的八十垱遗址又发现了数以万计的8000年前的古栽培稻,被学术界命名为"八十垱古稻"。这一发现对于世界稻作农业的起源及新石器早期聚落形态的研究都具有十分重要的意义,它表明长江中游地区具有高度发达的原始文明,也是中华文明的摇篮之一。同时,澧县城头山还埋着一座距今6000年的古城,它是我国发现的最早的古城址。在城头山城市文化群中,考古发现的用于滤酒的漏斗形澄滤器,便是当时出现了酿酒工艺的历史见证。

　　商周时期,常德开始用青铜制作盛酒、饮酒器皿。在20纪80年代,常德石门县出土了商代的酒具——兽面纹提梁卣。在常德津市一座商代墓葬中,也发掘出完整的青铜酒具铜爵、铜觚等。

春秋战国后，境内酒具从陶器、青铜器，发展到玉、金、银器和漆木器。据传当时的人们已经掌握了煮酒技艺。

先秦时期，每逢佳节用醇酒待客已蔚然成风。人们春节大摆"春台席"，约请亲戚朋友"与之会饮"；端午"切菖蒲杆，雄黄泛酒饮之"；中秋设果品饮酒赏月；除夕畅饮"分岁酒"。

汉代有"元月元日饮春酒，五月五日切菖蒲殖和雄黄泛酒饮之，九月九日饮菊花酒"的习俗。

晋朝时，常德出现了相当完善的酿酒技术。贾思勰《齐民要术》中，就记载有西晋时期常德桃源的酿酒法。陶渊明所写的《桃花源记》中曰："武陵人捕鱼为业。……设酒，杀鸡，作食。……余人各复延至其家，皆出酒食。"

唐、五代时期，常德酿酒业盛极一时。据《中国实业志湖南省》载，常德所产玉泉酒与衡阳的湖之酒、岳州的洞庭春色、郴州的程酒齐名于世。

武陵桃花源　佚名

唐时，"贮精粮，甑甘醇"，酿酒已在民间广为流行。李白、杜甫、刘禹锡等诗人都曾把自己的足迹，连同不朽的咏酒诗文留在了沅澧流域。李白有诗云："昔别若梦中，天涯忽相逢。洞庭破秋月，纵酒开愁容。赠剑刻玉字，延平两蛟龙。送君不尽意，书及雁回峰。"范仲淹跟随母亲在安乡长大，洞庭湖四时美景均已印入其胸臆中，他在《岳阳楼记》中的名句"先天下之忧而忧，后天下之乐而乐"，成为历代为官者的警诫之语。黄庭坚游历常德期间，在石门写下了"蒙泉"二字，今鼎城区周家店的白云山寺庙作《双松亭》，在桃源信手拈来《水调歌头·桃源》和七绝《武陵》。喝着澧水、听着楚声、咀嚼着楚骚风韵的长大的本土诗人李群玉，是常德为中国诗坛培育的一朵奇葩。清彭定求等编的《全唐诗》中收录李群玉的诗作达260余首，且大部分涉及酒，流传至今。

据传，武则天时代，常德酒便声名大振。由于酒好，客商将常德酒整坛整坛地买走，沿着长江往上游带到沅陵、保靖、洪江等府县，朝下游运到岳阳、武汉等都会。

世界最早的水稻田遗址

城头山出土的陶器

至宋代，常德的酿酒业十分兴盛，酒年产量达"五万贯以上"，所产的"鼎州白玉泉"全国有名，是当时湖南产酒的两大地区之一。宋代有以"武陵春"为名的酒，宋词的词牌中有与常德地域之酒有关的，如［醉桃源］即［阮郎归］等。另据朱翼中《北山酒经》上，桃源酿酒用神曲（优质曲）和好糯米，以"五酸法"精酿而成。此酒"熟后三五日，瓮头有澄清者，先取饮之，蠲除万病，令人轻健。纵令酷酊，无所伤"。

宋代《酒谱》、明代《嘉靖府志》载，五代时，云游道人张逸曾在崔氏酒坊题诗一首："武陵城里崔家酒，地上应无天上有。南来道士饮一斗，醉卧白云深洞口。"这或许是中国历史上最耐人寻味的酒广告诗联，由是沽者愈众。崔氏姥被后世列入酿酒名家。其汲水之井，被称为崔婆井，成为酿酒遗迹，流传至今。

明代，文学家袁中道《澧游记》中也有"下山饮于老梅树下，月上始登舟归"的描写。

清代，民间酿酒之风盛行。《武陵竹枝词》有"村村画鼓烧春酒"的盛况，《嘉靖常德府志》还留有"老妪香，古瓦盆，当时胜入杏花村"等脍炙人口的诗篇。"崔婆井"也因此成为武陵八景之一，尚有遗址可考。

民国初年，常德城中有私营糟坊72家。其中，有一家世代相传的马万隆糟坊，采用古老的小曲法酿制谷酒，时称"德酒"，曾畅销邻近的川、黔、鄂等省。

民国时期，常德市场上所产白酒多为小曲烧酒和米酒两大类，还出现了多种色酒、果酒、药酒等，酒业兴旺。后因日寇入侵，常德酒业受到毁灭性破坏。至1949年，仅剩下10余家破烂不堪的小糟坊。

中华人民共和国成立后，流散在外的酒业人员陆续回常德城开工复业。至1950年，大小糟坊发展到30多家。此时，原常德市工商联和税务局先后三次进行组合，将30多家小糟坊合并调整为3家糟坊集中生产，又将另10家糟坊分东、西、北三区组建为3个酿酒工厂。

崔婆井

武陵酒文创图

　　1952 年，在常德市德山乾明路，常德专署专卖处成立。

　　是年，在传承千年历史的崔家旧酒坊遗址的基础上，将城区内的 3 个酿酒厂（当年年产不到 100 吨酒）合并建成常德专署酒类专卖处酿酒厂。有职工 30 人，固定资产原值 1.16 万元，年产酒 150.88 吨，工业总产值 12.07 万元。

　　1955 年 7 月，酒厂划归湖南省酿酒总厂，为常德分厂。

　　1957 年下半年，常德分厂下放常德市工业系统领导，改名湖南省常德酒厂，恢复生产传统白酒。

　　1958 年，为了响应国家学创名优的号召，常德酒厂通过学习全国 7 家著名酒厂的经验，并结合本土传统酿酒方法，开始研制大曲酒酿制方法，成功酿造出具有独特风味的浓香型"德山大曲"酒。

　　1960 年，常德市酒厂进行技术改造，机械化程度不断提高，用机械化代替过去的手工劳动。

　　1963 年 9 月，在轻工部召开的全国第二届评酒会上，德山牌德山大曲酒荣获国家银质奖章。

　　20 世纪 60 年代末 70 年代初，慕名前来毛泽东主席家乡参观的外宾及宾客猛增。当时，茅台酒作为政府接待用酒，供应量每年只有 1000 斤，严重供不应求。时任湖南省革委会主任、原某军政委卜占亚组织人员几经寻找和筛选，最终选定湘西北与茅台酒厂同一纬度的常德酒厂生产酱香型白酒，武陵酒正式与酱香结缘。

武陵酒厂简介

  武陵酒，中国十七大名酒之一，中国三大酱香名酒之一。1952年，武陵酒公司在原常德市酒厂崔婆酒酿造的旧酒坊上建成。1972年，武陵酒之父、中国白酒大师鲍沛生先生在师法传统酱香白酒酿造工艺的基础上，自主创新研制出独具风格的"酱香突出、幽雅细腻、酒体醇厚、回味悠长、空杯留香持久"的酱香型武陵酒，1989年，在全国第五届评酒会上评分超过茅台，荣获中国名酒称号、获得国家质量金奖，从此结束了湖南省没有"中国名酒"的历史。

  湖南武陵酒有限公司，其核心厂区建立于原常德市酒厂崔婆酒酿造旧酒坊之上，现有员工1300余人。其中，国家级白酒评委5人，湖南省白酒评委14人，一级品酒师5人，高级酿酒师3人，各类专业技术人员57人。历经半个多世纪的发展，已成为一家集产品系列化、包装系列化和生产标准化的大型酒类生产企业。产品主要有酱香型武陵酒——武陵元帅、武陵上酱、武陵中酱、武陵少酱、武陵王系列、琥珀系列等。

  20世纪80年代，武陵酒厂坐落在被古人赞誉为"常德德山山有德"的德山，风景秀丽，北傍沅江，水路入洞庭湖，沿长江可直达重庆、武汉、上海；南接107国道、319国道，交通四通八达。于1998年通车的石长铁路（西接枝柳、湘线，东达长沙接京广线）从厂区旁通过，距铁路货站和货仓仅5公里，距铁路客运站仅16公里；空运距常德机场仅15公里，可谓居水、陆、空交通的黄金宝地。举世闻名的游览胜地桃花源和张家界国家森林公园随时可至。彼时，常德市人民政府已把德山辟为经济开发区，为德山的经济开发提供了更多的优惠政策。德山是常德各种项目开发的中心地带，成为有识之士的关注热点。武陵酒厂分为北区和南区两部分。

  酒厂北区依山傍水，自然环境优美，交通十分方便，位于德山乾明路，坐落在德山之巅的孤峰岭上。山上有高耸的孤峰塔，清澈见底的白龙井，古木参天，葱葱郁郁。背靠沅水（常德主要的河运水道），东接第四运输公司和沅江码头，西与市第二中学接壤，南麓面临厂生活区和宽达40米以沥青铺就的乾明路。厂区占地近5万平方米，其中建筑用地2.8万平方米，其他为水泥路面和绿化带。

20世纪80年代初期，武陵酒厂北部（德山孤峰塔下）

20世纪80年代武陵酒厂图

厂区各种设施齐全，共有大小厂房建筑物 25 栋 / 套，总建筑面积 2 万平方米，其中原有车间、仓库为钢筋混凝土结构，其他为砖混结构；供水条件好，总供水管直径达 300 毫米，水压一般在 2.2 千克 / 厘米以上；供热设施完备，现有往复炉排 4 吨锅炉一台，锅炉给水系统及供热管网齐全，运行正常；有供电变压器（容量 110kva）一台和满足工作需要的通讯条件。

酒厂南区为公司本部，位于常德市德山中路，为德山经济科技开发区政治、经济、文化的中心区域。厂区占地面积 6 万多平方米，其中建筑面积 4 万多平方米，其他为水泥道路和绿化带。东临桃花山；西接阔达 65 米以水泥铸就的德山中路，与开发区管委会、税务局、建行、工行隔路相望；南靠宽敞的桃林路、善卷路（均为水泥路）和公安局；北与常长公路相连。各种大小厂房建筑物 18 栋套，供水条件好；供电能保证工作所需负荷，并有配套的高压配电室；供热设施齐全，有往复炉排 8 吨锅炉一台，锅炉给水系统及供热管网符

20世纪80年代武陵酒厂图

合运行条件；通讯能满足工作需要。南区临街（均临德山中路）场地两块，共 800 多平方米，宜于开发三产业和各种服务性项目。酒厂有存货 5800 万元，其中散酒 2800 吨，计 4760 万元；成品酒 250 吨，计 875 万元。根据企业标准，生产酒分为 4 个质量档次。在 2800 吨库存散酒中，特级酒 500 吨，约占 18%；甲级酒 900 吨，约占 32%；乙级酒 1150 吨，约占 41%；丙级酒 250 吨，约占 9%。

这些酒厂库存散酒在勾兑后，按当时出厂价可形成的效益情况如下：特级酒 500 吨，可形成商品量 565 吨，实现销售收入 2.94 亿元；甲级酒 900 吨，可形成商品量 1017 吨，实现销售收入 6100 万元；乙级酒 1150 吨，可形成商品量 1300 吨，实现销售收入 4810 万元；丙级酒 250 吨，可形成商品量 283 吨，实现销售收入 570 万元。以上合计库存散酒经勾兑后可形成商品量为 3165 吨，实现销售收入 4.09 亿元，可创税利 1.23 亿元。

20世纪80年代武陵酒厂图

2020 年 5 月，占地面积 500 亩的"武陵酒酿酒技改基地"正式启动建设，2021 年 9 月，武陵酒新厂一期顺利建成投产，整体建成后酿酒将超 6600 吨，储酒能力 45000 吨。整体项目采用先进、人性化设计理念，设计成为工业生产，体验营销和景观设计为理念，逐步建设成集酒类生产，工业展示，科技研发，生态旅游，文化博览等功能为一体的综合性生态型产业园区，成为全国叫得响酱酒基地，我们有品牌自信、文化自信、路径自信，未来必将扛起湘酒振兴的旗帜，助力武陵酒成为国内一流的高端白酒品牌。其厂区主要构成如下：

1.露天储酒罐区

2350 吨武陵酒露天储酒罐区，由 16 个百吨级，且大小不一的酒罐组成。

武陵酒五年陶坛储存、两次盘勾完毕后，酒体中各种风味物质还会产生物理化学反应。反应一段时间后，各物质才会逐渐达到平衡。因此，需要在不锈钢大罐中放 6 个月以上使酒体趋于稳定。

2.酿酒车间

要酿造出好的酱酒，必须有好的窖池，窖池越老，酒体越醇。武陵酒厂酿酒窖池长 4.5 米，宽 2 米，深 2.6 米，池壁材质为本地红砂石。曲为酒之骨，水为酒之血，粮是酒之肉，艺为酒之神。武陵酒采用"12987"工艺，其精髓为"四高三长"。"四高"：高温制曲、高温堆积、高温发酵、高温馏酒。"三长"：制曲时间长，六个月以上；生产周期长，一年的发酵周期；自然老熟时间长，五年以上的储存期。

3.地下酒窖

地下酒窖恒温恒湿，使原酒处于恒定状态，酒分子缔合紧密，令饮用口感更加舒适。同时，储酒的酒坛布有无数微孔，有助于原酒的呼吸吐纳，从而形成更多风味物质，使武陵酒品味更加幽雅迷人。

4.武陵酒文化博物馆

武陵酒博物馆，总面积 390 平方米。馆内设计属于新中式风格，是传统与现代的结合，较好地展示了武陵酒的历史文化和酿酒文化。展厅分四部分，主要有品鉴武陵美酒的"时代洞鉴"厅，介绍武陵酒酿造工艺的"山高水长"厅、"天地共酿"厅，代表武陵酒酿酒理念的"匠人酱心"厅和"斗转星移"厅，以及见证武陵酒品牌荣誉的"酱香传奇"厅等。

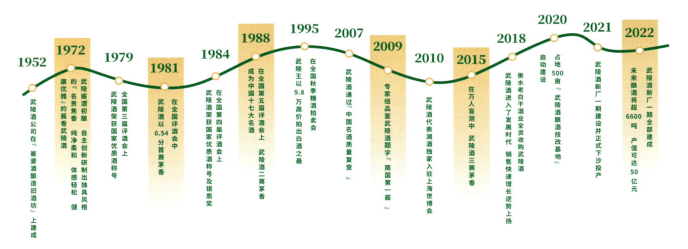

武陵酒企业历程

武陵酒厂图

武陵酒厂区导览图

酱香型武陵酒酿造工艺及特点

上等有机糯红高粱

高温制曲

高温堆积发酵

高温入池发酵

酱香型武陵酒，以川南地区种植的上等有机糯红高粱为原料，用小麦培制高温曲，以石壁泥窖底做发酵池，一年为一个生产周期，全年分两次投粮、九次蒸煮、八次发酵、七次取酒，以"四高三长"为生产工艺之精髓，采用固态发酵、固态蒸馏的生产方式，生产原酒按酱香、醇甜香和窖底香三种典型体和不同轮次酒，分别长期贮存（3年以上）精心勾调而成。

1.上等有机糯红高粱

酱香型武陵酒，是以纯粮固态发酵酿制而成的白酒。它秉承纯良古法之要求，精选泸州有机原粮基地生产的上等有机糯红高粱。每一粒均需经过原生态种苗挑选、多粮轮作式栽培、纯绿色控管等严谨流程及工艺，具有淀粉含量高、蛋白质和单宁含量适中、脂肪含量低等品质特点。优质的糯红高粱，经浸泡后为酱香型武陵酒的幽雅口感和均衡品质奠定了基础。

2.高温制曲

高温制曲，是提高酱香型白酒的质量基础和产生主体酱香味的来源。酱香型武陵酒是用小麦培制高温大曲的，制曲发酵温度达70℃，比一般白酒的制曲发酵温度高出10℃～15℃。成品曲粉中含有大量与酿酒的微生物菌种。在酿酒过程中，曲粉既是糖化剂，也是酱香物质的载体，并分轮次不断添加。随着轮次和曲粉用量的累积，产生了大量的微生物、香味物质和香味前驱物质，这成为酱香酒香气的主要来源之一。

3.高温堆积发酵

高温堆积，是酒糟蒸馏（煮）摊晾撒曲后堆积发酵时的工艺。它使醅子重新富集微生物，并使大曲中的嗜热芽孢杆菌和部分酵母菌等进一步繁殖，起二次制曲的作用，为产生酱香物质和积累酱香物质创造条件，它是生成酱香物质的接力站。随着堆积时间增长，堆积温度也逐渐升高，到入窖时可达50℃～55℃，此时，堆积的酒糟散发出明显而悦人的复杂香气（即酱香、酸甜味），这些物质都是直接或间接形成酱香味的重要成分。

4.高温入池发酵

经高温堆积后的酒糟，温度在50℃～55℃之间。在入池发酵之前，要把酒糟冷却到35℃左右。入池发酵后，温度可升到43℃～48℃。经实践发现，这一温度是最适宜酿造酱香酒的温度，不但产酒高，而且酱香突出、风格典型，这也是酱香酒区别于其他香型白酒的标志之一。另外，酱香型武陵酒的酒糟在窖池各层次中发酵的温度不完全一样，发酵的酒的风格也迥然不同。上层糟产的酒酱香好，中层糟以产醇甜型白酒为主，下层糟产窖香酒

高温蒸馏接酒

生产周期长

窖藏时间长

精湛的勾兑

为主，因而形成了酱香型武陵酒的独特风格。而且，用于发酵的石壁泥底条石窖池，窖底中的窖泥，是本地特有的黄泥土，富积了族群庞大的微生物，包含铁、磷、镍、钴等600多种微量元素。同时，在窖池四周和整个生产车间的外部环境都形成了适合酿酒的有益微生物的区系和生态链，使酱香型武陵酒拥有了更醇香、更绵柔、更细腻、更幽雅的独特品质。

5.高温蒸馏接酒

高温蒸馏接酒，是根据不同物质的馏分及沸点所采取的特殊工艺。这一工艺使发酵生成的酱香物质最大限度地集聚在酒中，因而酱香更加突出、质量更好、风格更典型。酱香型酒的馏酒温度在35℃～40℃之间，比其他白酒高10℃～20℃。在高温条件下，不但能成功分离和收集经发酵产生的有效香味成分，同时还能有效去除发酵过程中的副产物、排除挥发性强的硫化物和其他刺激性的低沸点物质，更多地保留不易挥发的高沸点物质，使得酱酒中的总酸、总醇都高于其他香型酒，从而使酒质更加醇厚、丰满、幽雅细腻。

6.生产周期长

酱香型武陵酒工艺遵照季节气候的规律，循时而动，"端午踩曲，重阳下沙"，一年只有一个生产周期。每一批原料都需经过九次蒸煮、八次加曲、八次堆积发酵、八次入池发酵、七次分级取酒，整个过程历时整整一年，方成酱香型武陵酒原酒。其他白酒的这一过程，一般只需一两次便可完成，最多也不过四五次。生产的季节性保证了其高贵的品质，以及珍稀性。

7.窖藏时间长

酱香型武陵酒，原酒贮存在离地面约4米深的地窖里，四季温差小、湿度大，温度相对稳定。封装武陵酒的陶坛，其成分中60%～70%的为上等瓷泥，30%～40%为陶泥，陶坛壁微孔具有微弱的透气性，使原酒与空气中的氧气自然呼吸，间接加速原酒酒体自身的化学、物理变化，使酒质自然地达到老熟。每一批武陵酒原酒，都要再经过至少三年的陈酿窖藏；加上生产和勾兑存放，酱香型武陵酒从原料到成品酒，至少须五年的历练。

8.精湛的勾兑

经过长期实窖珍藏的武陵酒，口感和香味成分都不同，因而每一批次的酒都要经过十几次甚至几十次大小样勾调的口感品评。酱香型武陵酒的勾调，是贮存期达三年或更长时间的酒，按不同轮次酒、不同典型体酒、不同浓度酒、不同酒龄酒，以不同的比例勾调在一起，克服了勾调前酒体单一、酒中香味成分比例失调，或导致喝后上头等缺陷，从而统一了酒质和标准，并将酱香、醇甜香、窖底香三种香型体依古方糅合，最终形成酱香型武陵酒幽雅酱香、醇厚丰满、细腻柔和、空杯留香持久的风格特点。

武陵酒注册商标演变简史

武陵酒使用的注册商标，20 世纪 70 年代的实物中多见为"岳阳楼牌"。该商标于 1963 年 6 月 1 日获准注册，初始用于露酒产品"洞庭酒"的出口使用。

1979 年 10 月 31 日再度工商注册，注册证号 113526，隶属于湖南省常德市酿酒一厂。用于酱香型武陵酒是在 20 世纪 70 年代末期至 1984 年。

1990 年，"岳阳楼牌"注册商标从常德市酿酒工业公司又转到常德市啤酒厂名下。从此，"岳阳楼牌"彻底退出了白酒领域。

第 36 类
岳 阳 楼 牌   注册第 43596 号

用于酒（出口商品）
常德市酒厂注册　（湖南常德市东堤114号）
注册日期：1963 年 6 月 1 日

1963年6月1日常德市酒厂
注册第43596号岳阳楼牌

註冊商標《岳陽樓牌》
註冊日期　1979年10月31日
註冊證號　113526

酒

湖南省常德市釀酒一廠
地址：常德市建設橋
電話：22947

1979年10月31日湖南省常德市酿酒一厂注册第113526号岳阳楼牌

20 世纪 70 年代以前，常德酒厂的另一主线产品"德山大曲"，主要使用"武陵牌"。此时"武陵牌"商标，背景图案为常德市的枉水德山大桥及远处的山峰，上有"武陵"二字。

1979 年前后，考虑到酱香型大曲酒和浓香型大曲酒的平行发展，"武陵牌"被拆分为两个商标：一为"武陵牌"（塔图案，注册号 146745），为武陵酒使用；一为"图形"商标（大桥图案），为德山大曲使用。

因此，1980 年以后的武陵酒，有"岳阳楼牌"和"武陵牌"商标之分，两种商标同时并行使用。1981～1984 年，常德市政府成立常德市酿酒工业公司，下辖单位有常德市酿酒一厂（后更名为常德市白酒厂）、常德市德山大曲酒厂、常德市酒厂（也称"常德市武陵酒厂"）、常德啤酒厂。"武陵牌"注册商标在这个历史时期正式注册。

註冊商標《武陵牌》
註冊日期　1981年5月15日
註冊證號　146745

武陵酒

常德市武陵酒廠
地址：常德市建設橋
電話：3120

武 WULING 陵

1981年5月15日湖南省常德市武陵酒厂注册第146745号武陵牌

"武陵牌"注册商标的不同版本，累计注册了四次，如下：

第一次商标注册为1980年2月13日，常德酒厂向国家工商总局提出申请。1981年5月15日，武陵牌获准注册，注册证号146745，注册单位为常德市武陵酒厂。

1984～1985年，武陵酒厂与常德市酿酒工业公司分置，原常德酒厂所属的"岳阳楼牌"商标，转到了常德市酿酒工业公司名下。此后，武陵酒转为使用"武陵牌"一个商标，该注册商标Logo保持了历史延续性，并作为武陵酒主打产品使用商标沿用至今。

第二次商标注册为1986年9月16日，注册证号289349，注册单位为常德市武陵酒厂。但此次申请注册商标无效（应该被有关部门判定为重复注册，因此申请无效）。

第三次商标注册为2001年7月9日，注册证号1968270，注册有效。注册单位湖南武陵酒有限公司，该注册商标Logo为文字竖版。

第四次商标注册为2013年12月19日，注册证号13765395，注册有效。注册单位湖南武陵酒有限公司，该注册商标Logo为文字横版。

注 册 号　146745
商　　标　武陵牌

使用商品　酒
企业名称　常德市酒厂
企业地址　湖南常德市
注册日期　1981年5月15日

1981年5月15日注册第146745号

第　289349　号
申请日期　1986年9月16日
商　　标　武陵牌

使用商品　酒
申 请 人　常德市武陵酒厂
地　　址　湖南常德市乾明路

1986年9月16日注册第289349号

第　1968270　号
申请日期　2001年7月9日
商　　标

使用商品　酒（饮料）
申 请 人　常德武陵酒业有限公司
地　　址　常德市德山中路
代 理 人　常德市商标事务所

2001年7月9日注册第1968270号

第　13765378　号
申请日期　2013年12月19日
商　　标

核定使用商品/服务项目
第33类：果酒（含酒精）；开胃酒；烧酒；葡萄酒；
烈酒（饮料）；酒精饮料浓缩汁；酒精饮料
（啤酒除外）；米酒；汽酒；黄酒
申 请 人　丰联酒业控股集团有限公司
地　　址　北京市海淀区彩和坊路6号6层北区
代理机构　北京邦信阳专利商标代理有限公司

2013年12月19日注册第13765378号

013

武陵酒商标鉴赏（部分）

岳阳楼牌武陵酒　中国湖南常德酒厂出品

岳阳楼牌武陵酒　　　　　　　　　　　　武陵牌武陵酒

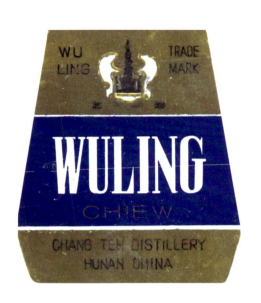

武陵牌武陵酒

武陵酒　1984年国家银质奖

武陵牌白龙井125g

武陵牌武陵酒125g

武陵牌武陵曲酒125g

武陵牌武陵头曲125g

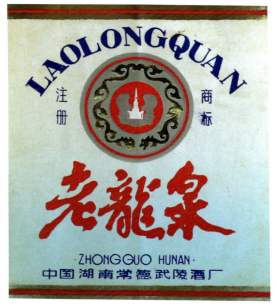

武陵牌老龙泉

武陵牌大米大曲

武陵牌三粮特酿

武陵牌白鹤楼

武陵牌沅水特曲

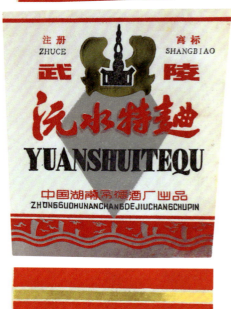

武陵牌沅水特曲

武陵牌白龙井

武陵牌白龙井

武陵牌武陵大曲

武陵牌武陵大曲

武陵牌武陵头曲

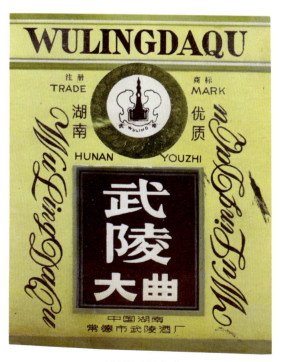

武陵牌武陵大曲

武陵牌武陵头曲

武陵牌武陵曲酒

武陵牌三粮特曲

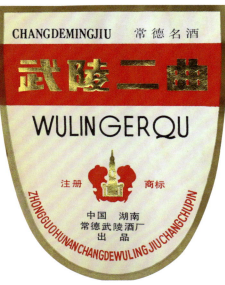

武陵牌武陵大曲

武陵牌武陵二曲

武陵牌武陵曲酒

第二章

1970~1980年

初造臻酿　独具风格

20世纪70年代中期岳阳楼牌武陵酒（三角形紫膜）

规　　格 I 高度　500g

厂　　名 I 中国湖南常德酒厂

参考价格 I RMB　380,000

生产日期：一九七七年

产品特征：

　　"岳阳楼牌"商标最早由常德酒厂于 1963 年注册，起初用于露酒产品"洞庭酒"的出口。在 20 世纪 70 年代末期至 1984 年之间，归属武陵酒使用。此款 500 克装三角形玻璃瓶岳阳楼牌武陵酒，为市场发现年份最早的武陵酒之一，生产年份为 20 世纪 70 年代中前期至 80 年代初期。其造型独特，端庄大气，瓶盖分为黑盖紫色酒精膜、黑盖红色酒精膜与红盖透明酒精膜三种。存世量极其稀少，为收藏极品。

　　酱香突出，焦香舒适，幽雅细腻，酒体醇厚，回味悠长，空杯留香持久。

20世纪70年代中期 高度 岳阳楼牌三角形紫膜武陵酒 500g

鲍沛生

季克良 鲍沛生
1964年毕业于无锡轻工业学院（江南大学）发酵专业

季克良与鲍沛生合影

相关记事：

1970年，为生产出与茅台酒口感一致的官方接待专用酒，湖南省革命委员会决定在本土研发一款高品质酱香型白酒。当时的常德酒厂技术负责人鲍沛生与时任茅台酒厂工人的季克良同为江苏无锡轻工业学院（今江南大学）生物发酵工程专业的同班同学。因此，鲍沛生带领一批技术骨干到茅台酒厂交流学习，得到了茅台酒厂的大力支持。

1971年，常德酒厂正式成立了以鲍沛生为首的新产品试制小组，小组成员由鲍沛生、鲍云卿、刘先晃、胡介忠、李桂保、李桂林、李必新、孙中秋等14人组成。也称作党员、技术员、工人"三结合"小组。该小组在学习传统酱香白酒酿造工艺的基础上，潜心学习研究、酿制，终于试制出继茅台、郎酒之后的另一种独特风格的优质酱香酒，亦称"茅型酒"。厂里的同志们把它取名为"岳阳楼牌武陵液"。后，常德市领导把"武陵液"改名为"滨湖酒"。

1972年3月，鲍沛生和李桂保、李必新又一次来到茅台酒厂学习取经，并且将自己酿制的酒带给茅台酒厂厂长品尝指导，对方一入口，开始还不蛮相信，感觉与茅台酒差不多。不太相信是武陵酒。经过交流之后，连声称赞："这酒不错。"通过与茅台酒厂的茅台酒多次对比品鉴后，最终茅台酒厂厂长给出了一点意见，"酸尾子稍微大了一点"。为了解决这个问题，回厂后，"三结合"小组鲍沛生等人又忙了一个季度，不断攻关调试，后味酸的问题终于得到解决。历经两年多的潜心学习，6次交流、10次切磋，在原来传统的酱香白酒基础上，于1972年研发出独具风格的酱香型白酒，成就了中国酱香"同门两派"的传奇。

是年，此款酒正式投产。

1973年5月，在湖南省名酒名烟工作会议上，通过专家们的评议，认为"滨湖酒"具有典型的酱香型白酒风味，因常德古称武陵，便把"滨湖酒"正式定名为"武陵酒"。

1973～1984年，厂名为湖南常德酒厂。

1974年5月，三角瓶岳阳楼牌武陵酒首次出现在中南地区第一次白酒技术协作会上。

1976年7月，武陵酒投放市场以来，成为市场的抢手货，但其年产量还不到50吨，常常供不应求。因此，湖南省经委把武陵酒的生产列入省重点科技项目，国家投资268万元，在常德市德山孤凌峰宝塔山下，新建年产能250吨的车间一栋，以解决产能问题。

是年，武陵酒被湖南省政府指定为接待外宾专用酒。

20世纪70年代末期岳阳楼牌武陵酒（三角形透明膜）

规　　格 | 高度　500g
厂　　名 | 中国湖南常德酒厂
参考价格 | RMB　300,000

产品特征：

　　20世纪70年代，以生产接待专用酒为目的研发出来的酱香型武陵酒是顺应时代需求的产物，具有明显的时代特征。此款酒于1979年荣获第三届全国评酒会银奖。被酒友俗称"三角武陵"的70年代末期岳阳楼牌武陵酒（红盖透明膜），当年市场零售价2.18元，传奇瓶形，非常稀缺。

20世纪70年代末期 高度 岳阳楼牌三角形透明膜武陵酒 500g

武陵酒初次扬名

武陵酒，在今年五月全省名酒评比会上，被列为全省四大名酒之一（其它三种是德山大曲、白沙液、锦江酒）。在今年八月全国第三届评酒会议上，赢得了"全国优质酒"的荣誉。

武陵酒产于常德市酒厂。常德市在二千多年前的西汉至晋代，均属武陵郡，所以这种酒取名为武陵酒。它的制作，系选用优质高粱作原料，小麦大曲作糖化剂，经过细致的工艺处理，使高粱的吸水充足，杂质清洗干净。在生产周期上，采用"七蒸六吊"的工艺方法，每批发酵一个月，蒸馏出酒后，又经过三年以上的贮存才出厂。因为武陵酒酿造精细，所以色香味都有独特风格，它略带微黄色，清彻透明，没有沉淀和浮游物，具有浓郁的香气，入口绵甜，味长爽口。现在，它已被正式列入招待外宾用酒。 （青工、常彤）

常德市酒厂生产的武陵酒、德山大曲、洞庭酒等，深受省内外顾客的欢迎。图为该厂生产的几种主要产品。 唐大柏摄

1979年《湖南日报》刊登的《武陵酒初次扬名》

相关记事：

1979 年 5 月，为了迎接第三届全国评酒会，湖南省开展了全省选拔赛和评酒会。武陵酒、白沙液、德山大曲、锦江酒第一次被评为湖南省名酒，还有长沙大曲、湘潭汾酒、南卅大曲、迴雁峰酒、九嶷山大曲、邵阳大曲、沅陵大曲、郴州二锅头、湘泉酒、浏阳河小曲、岳阳小曲、益阳小曲、洣河小曲、芙蓉酒、雪峰蜜桔酒共 18 种被评为湖南省优质酒，并推举武陵酒，白沙液、德山大曲、锦江酒和浏阳河小曲代表湖南参赛。

8 月，第三届全国评酒会在辽宁省旅大市（今大连市）举行，常德酒厂工程师鲍沛生是白酒组评委之一。

9 月 7 日，第三届全国评酒会评选结果出炉，武陵酒获得银质奖，首次晋升为中国优质酒行列。

10 月，鲍沛生应邀参加湖南省白酒技术座谈会。会上，表彰了他对武陵酒试制和获奖作出的重大贡献。

1980 年，经湖南省政府领导批示，决定在岳阳楼牌武陵酒的基础上，全新注册"武陵牌"商标。"岳阳楼牌"商标一直沿用到 20 世纪 80 年代中期。

是年，酒厂有职工 422 人。固定资产 172.85 万元，年产酒 2797 吨，完成工业总产值 662.67 万元，工业净产值 353.55 万元，利润 60.89 万元，全员劳动生产率 21308 元。

武陵酒产于常德市酒厂，常德市在两千多年前的西汉至晋代，均属武陵郡，故取名为武陵酒。它的制作系选用优质高粱做原料，小麦大曲做糖化剂，经过细致的工艺处理，使高粱吸水充足，杂质清洗干净。在生产周期上，采用"七蒸六吊"的工艺方法，每批发酵一个月；蒸馏出酒后，又经过三年以上的贮存才出厂。因为武陵酒酿造精细，其色香味都有独特风格，略带微黄色，清澈透明，没有沉淀和浮游物，具有浓郁的香气，入口绵甜，味长爽口，深受消费者青睐。

第三章
1981～1989年

创新赢誉　中国名酒

20世纪80年代初期岳阳楼牌武陵酒

规　　格 I 高度　500g
厂　　名 I 中国湖南常德酒厂
参考价格 I RMB　80,000

产品特征：

20世纪70年代末期，武陵酒厂初步确立了"萝卜"型的瓶形风格。此种瓶形更有利于酒体的灌装、存储及运输，也是武陵酒的经典瓶形。当年零售价5.60元，属于中高端酒品，需要批条方能出厂。目前存世量非常稀少，是武陵酒收藏品系列中的翘楚之一。

酱香浓郁，陈香明显，焦香舒适，醇厚幽雅，回味悠长，空杯留香持久。

20世纪80年代初期 高度 岳阳楼牌武陵酒 500g

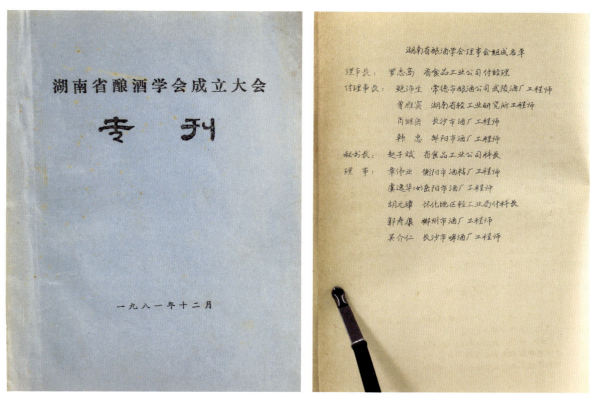

1981年12月，湖南省酿酒学会成立大会上，鲍沛生被选为湖南省酿酒协会副理事长

相关记事：

1980年5月1日，武陵酒年产能250吨的车间建成，也称为北厂区。从此，武陵酒得以批量生产。

产 地	品 名	规 格 型 号	单位	产地价格			太原价格		
				现行另售价	调后价		现行另售价	调后价	
					批发	另售		批发	另售
南昌市	丁坊酒	16° 1斤瓶装	瓶	1.02	1.171	1.30			
湖南省	白沙液	55° 葫芦瓶瓷瓶	"		4.81	5.30			
"	德山大曲	60°	"		3.09	3.40			
"	长沙大曲	60°	"		2.73	3.00			
"	邵阳大曲	60°	"		2.73	3.00			
"	浏河小曲	60°	"		1.82	2.00			
"	涞河小曲	60°	"		1.73	1.90			
"	岳阳小曲	60°	"		1.73	1.90			
"	益阳小曲	60°	"		1.73	1.90			
湖南衡阳县	迥雁峰大曲	60°	"		2.68	3.00			
湖南常德	武陵酒	60°	"		5.09	5.60			
天津汉古酒厂	汉泉酒	61° 1斤瓶	"	2.30	2.50	2.80			
" 宁河厂	芦台泉酒	59°	"	2.10	2.50	2.80			

1981年，60°武陵酒在山西省太原市零售价5.60元

20世纪80年代初期岳阳楼牌武陵酒

规　　格 I 高度　500g
厂　　名 I 中国湖南常德酒厂
参考价格 I RMB　80,000

产品特征：

　　酒瓶由之前的透明玻璃瓶改为浅绿色玻璃瓶，瓶盖的材质及大小有所改良，封膜为透明酒精膜。

　　酱香浓郁，陈香明显，焦香舒适，醇厚幽雅，回味悠长，空杯留香持久。

20世纪80年代初期 高度 岳阳楼牌武陵酒 500g

武 陵 酒

湖南常德市酒厂

　　武陵酒是一种酱香型曲酒。其特点：酱香浓郁，略带焦香，入口绵甜，爽口味长，畅销全国各地，深受国内外各界人士欢迎，一九七三年被评为湖南名酒，一九七八年被评为湖南省信得过的产品之一，一九七九年再次被评为湖南名酒，一九七九年全国第三届评酒会被评为优质酒。

　　厂址：湖南常德市建设桥

《名酒画谱》　刘蔚起编

20世纪80年代初期武陵牌武陵酒（三角形玻璃瓶）

规　　格 I 高度　约175ml
厂　　名 I 中国湖南常德酒厂
参考价格 I RMB　30,000

产品特征：

　　该款175毫升三角形武陵酒是为了满足消费者需求而生产的一款小容量装白酒。20世纪80年代初期至90年代中期间断生产。80年代初期的产品无外包装盒，分为乳玻瓶和透明玻璃瓶两种。整体设计精巧大方，备受消费者喜爱。存世量稀少，为收藏精品。

20世纪80年代初期 高度 武陵牌三角形玻璃瓶武陵酒 约175ml

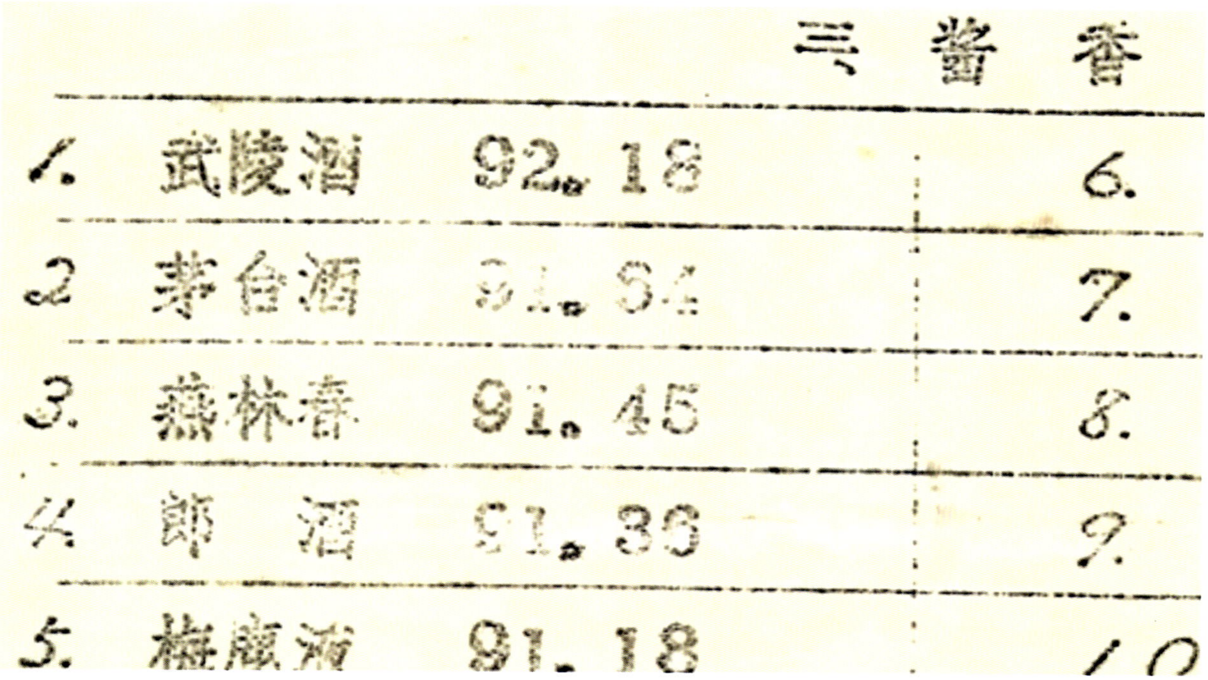

三 酱 香

1. 武陵酒 92.18   6.
2. 茅台酒 91.54   7.
3. 森林青 91.45   8.
4. 郎 酒 91.36   9.
5. 梅鹿液 91.18   10.

1981年6月15～22日，在江西庐山举行了一次全国名酒质量检评会。在送检的十个酱香型
包括"茅、武、郎"的产品中，武陵酒以92.18分名列第一名，历时九年以0.54分超过茅香

相关记事：

1981年7月，为了适应改革和市场需要，大力发展名优产品，经常德市人民政府批准成立常德市酿酒工业公司，为此将常德市酒厂一分为三：原一车间，改为常德市白酒厂（常德市酿酒一厂）；二、三车间改为常德市德山大曲厂；武陵酒车间改为常德市武陵酒厂；均隶属常德市酿酒工业公司领导。原常德酒厂的商标分配情况如下：岳阳楼牌划到酿酒一厂，德山牌归德山大曲酒厂，武陵牌由武陵酒厂使用。但统一转到常德市酿酒工业公司名下。因此在1984年5月之前，岳阳楼牌和武陵牌同时使用。

1982～1986年，由国家投资先后兴建年产2000吨的德山大曲酒生产车间，年产万吨的常德啤酒厂，以及年产750吨的武陵酒新厂。

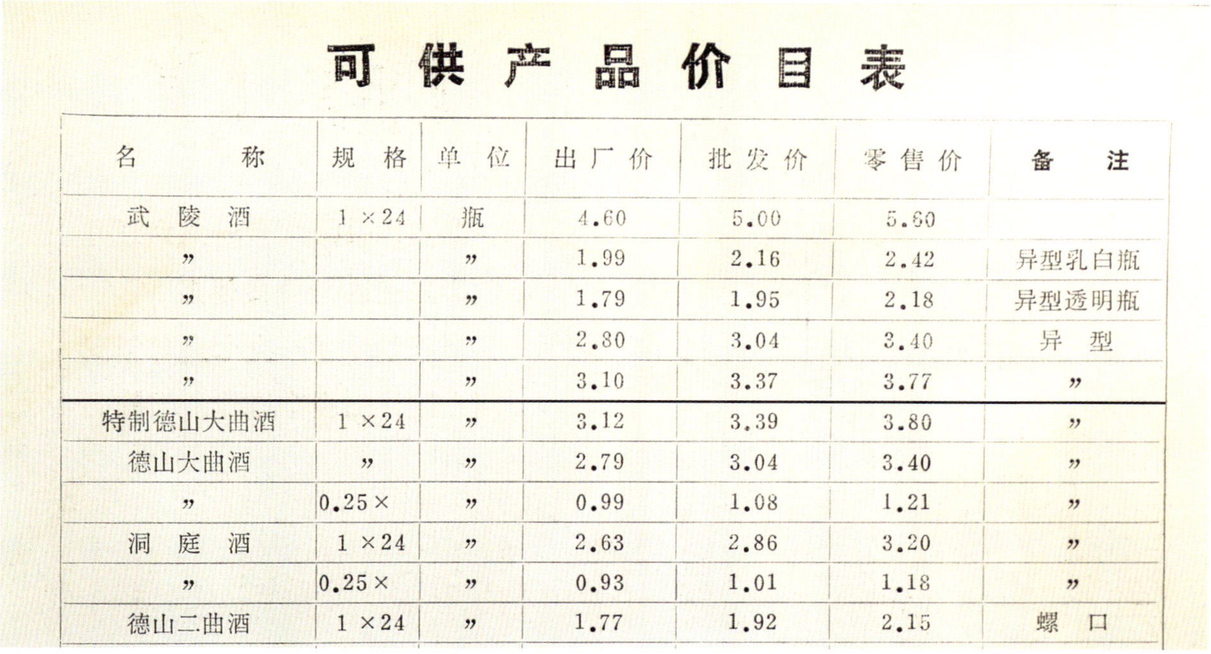

可供产品价目表

名称	规格	单位	出厂价	批发价	零售价	备注
武陵酒	1×24	瓶	4.60	5.00	5.60	
″		″	1.99	2.16	2.42	异型乳白瓶
″		″	1.79	1.95	2.18	异型透明瓶
″		″	2.80	3.04	3.40	异型
″		″	3.10	3.37	3.77	″
特制德山大曲酒	1×24	″	3.12	3.39	3.80	″
德山大曲酒	″	″	2.79	3.04	3.40	″
″	0.25×	″	0.99	1.08	1.21	″
洞庭酒	1×24	″	2.63	2.86	3.20	″
″	0.25×	″	0.93	1.01	1.18	″
德山二曲酒	1×24	″	1.77	1.92	2.15	螺口

武陵酒在湖南省常德市零售价5.60元，异型乳玻瓶零售价2.42元，异型透明瓶零售价2.18元

20世纪80年代初期武陵牌武陵酒（三角形乳玻瓶）

规　　格 I 高度　约175ml
厂　　名 I 中国湖南常德酒厂
参考价格 I RMB　26,000

产品特征：

　　该款175毫升三角形武陵酒是为了满足消费者需求而生产的一款小容量装白酒。80年代初期至90年代中期间断生产。80年代初期的产品无外包装盒，分为乳玻瓶和透明玻璃瓶两种。整体设计精巧大方，备受消费者喜爱。存世量稀少，为收藏精品。

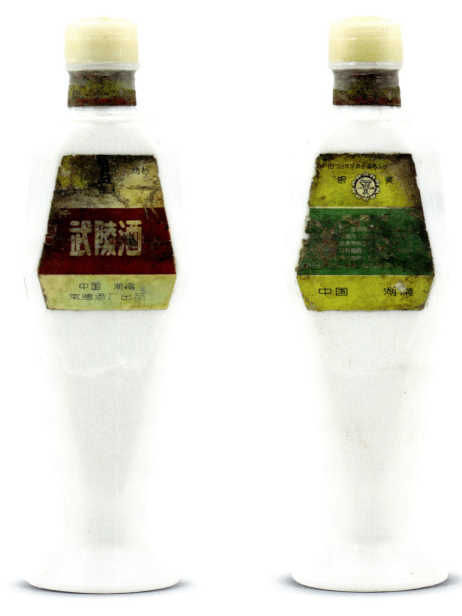

20世纪80年代初期 高度 武陵牌三角形乳玻瓶武陵酒 约175ml

湖南名酒

德山大曲酒荣获一九六三年
第二届全国评酒会银奖
武陵酒荣获一九七九年第三
届全国评酒会中国优质酒称号

HUNAN FAMOUS WINES

中国湖南省常德市
酿酒工业公司出品
地址：常德市建设桥
电报：6794

20世纪80年代初期武陵酒宣传资料

20世纪80年代初期武陵牌武陵酒（人民大会堂监制）

规　　格 | 53%vol　250cc
厂　　名 | 中国湖南常德酒厂
参考价格 | RMB　58,000

产品特征：

　　此酒是 80 年代初期人民大会堂监制的一款特制产品，也是最早使用"武陵牌"商标的武陵酒之一。酒瓶采用圆球形设计，红色酒标喜庆大气，铁质酒盒设计理念超前，为当时武陵酒最高端产品。

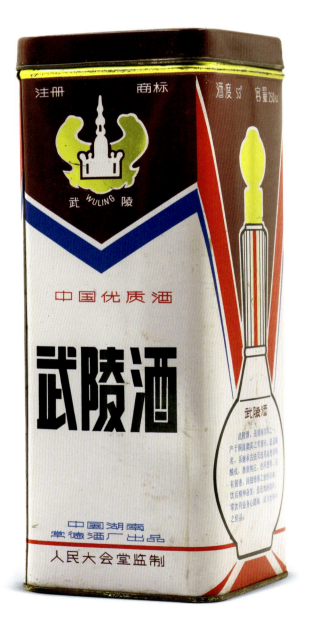

20世纪80年代初期 53%vol 武陵牌人民大会堂监制武陵酒 250cc

1983年4月《包装装潢》刊登的武陵酒广告

1984年岳阳楼牌武陵酒

规　　格Ⅰ高度　500g
厂　　名Ⅰ中国湖南常德酒厂
参考价格ⅠRMB　60,000

产品特征：

　　"岳阳楼牌"注册商标最早由常德酒厂于1963年注册，起初用于露酒产品"洞庭酒"的出口使用。用于酱香型武陵酒主要是在20世纪70年代末期至1984年间使用。该产品系"岳阳楼牌"武陵酒的收官之作。整体设计无大的改变，但其酒质更加稳定优良。当年零售价5.60元，属于中高端产品。

1984年 高度 岳阳楼牌武陵酒 500g

20世纪80年代武陵酒宣传资料

相关记事：

　　1984～1991年，更名为湖南常德市武陵酒厂。

　　5月，湖南省计委、地区计委正式批准德山大曲厂、酿酒一厂、武陵酒厂自立门户，单独核算。从此，岳阳楼牌注册商标停止在武陵酒标上使用。实际情况是到1984年底，武陵酒仍有使用。

　　5月7～16日，在山西太原举行的第四届全国评酒会上，武陵酒蝉联国家银质奖，全国酒类质量大奖金杯奖，继续保持了中国优质酒的称号。

　　11月5～24日，轻工部在北京举办了轻工系统酒类质量大赛。武陵酒夺得金杯奖。

　　1984～1985年，武陵酒厂与"常德市酿酒工业公司"分置，原常德酒厂所属的"岳阳楼牌"商标，转到了"常德市酿酒工业公司"名下。此后，武陵酒转为只使用"武陵牌"商标。

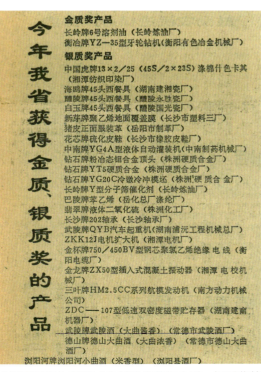

1984年《湖南日报》刊登《今年我省获得金质、银质奖的产品》

1984年岳阳楼牌武陵酒（毛主席纪念堂）

规　　格 l 高度　250g
厂　　名 l 中国湖南常德酒厂
参考价格 l RMB　35,000

产品特征：

　　此款方瓶岳阳楼牌武陵酒为1984年前后毛主席纪念堂用酒，存世极为稀少。酒盖酒瓶设计采用"天圆地方"的理念。背标烫金的文字及毛主席纪念堂图标让人印象深刻，具有很高的收藏价值和研究价值。

1984年 高度 岳阳楼牌毛主席纪念堂武陵酒 250g

常 德 市 武 陵 酒 廠

　　我廠主要生產醬香型武陵酒、濃香型武陵大曲酒、
兼香型白龍井酒及德山曲酒等十六種高、　中檔酒。
質量穩定。武陵酒歷次被評爲省內名酒，1979年被評
爲全國優質酒。1984年榮獲國家銀牌和輕工部金杯獎。

地址：常德市德山孤峰嶺　　電話：3120　　電報：2651

武陵酒获奖广告

1986年武陵牌武陵酒

规　　格 I 高度　500g
厂　　名 I 中国湖南常德市武陵酒厂
参考价格 I RMB　36,000

产品特征：

　　该瓶形沿袭"岳阳楼牌"武陵酒的经典风格，其酒标设计为空心金杯中托置着武陵商标，这是为了彰显武陵酒1984年在荣获国家银质奖基础上，当年再度荣膺中国轻工部酒类质量大赛金杯奖。因此俗称"空心金杯"武陵酒。存量稀缺。

　　酱香、陈香、焦香谐调，入口醇厚，幽雅细腻，回味悠长，空杯留香持久。

1986年 高度 武陵牌武陵酒 500g

1986年5月于松原，常德市武陵酒厂首次订货会全体代表合影

相关记事：

1985年11月，酒厂试制低度武陵酒，属酱香型曲酒。以武陵酒做老酒，选择絮凝法新工艺生产，酒度38°±1°，并保持高度武陵酒的风格。1986年，38°武陵大曲酒（简称低度武陵大曲）投放市场后，迅速赢得顾客的好评，并在常德地区第四届酒类评比中被评为优秀产品。

1986年2月，武陵酒、武陵大曲、白龙井酒荣获湖南省名、优、特、新食品质量大赛"芙蓉奖"。及湖南省科技进步奖。

11月，国家批准了武陵酒厂二期扩建工程，拟投资2244万，在原常德市委党校旧址上兴建年产750吨的武陵酒新厂。1987年动工，累计投资4192.22万元，其中设备投资582.35万元，土地1500万元，土建投资2109.87万元。1988年建成，也称南厂区。使武陵酒的生产能力由原来的250吨提升到近1000吨的规模。1989年生产武陵酒669吨，1990年增至889吨。

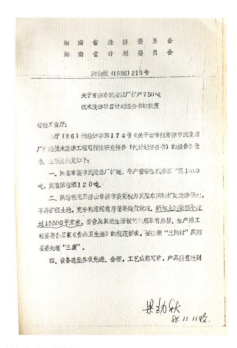

1986年，武陵酒厂技改项目批复

1987年武陵牌武陵酒（轻工部金奖杯）

规　　格 | 高度　500g
厂　　名 | 中国湖南常德市武陵酒厂
参考价格 | RMB　35,000

产品特征：

　　当年武陵酒厂的经典主线产品，其酒标设计是为了纪念1984年武陵酒荣获国家银质奖和中国轻工部酒类质量大赛金杯奖两项殊荣，因此俗称"金杯武陵"。1986～1988年，"空心金杯"和"实心金杯"两款酒标的武陵牌武陵酒交替生产，存量稀少。

1987年 高度 武陵牌轻工部金奖杯武陵酒 500g

20世纪80年代武陵酒酒厂厂图

相关记事：

1987 年，常德市酿酒行业连同常德市酒精厂共有企业 5 家，职工 1814 人，拥有固定资产原值 2056.2 万元，生产饮料酒（混合量）9792 吨，其中白酒 7959 吨，完成工业总产值 3655.3 万元，工业净产值 967.6 万元，利润 112.8 万元，全员劳动生产率 22760 元。

1987 年，又利用现代科学技术，研制出了低度武陵酒，低度白龙井，低度武陵大曲等酱香、兼香、浓香型系列产品。投放市场后，深受广大消费者的欢迎，赢得了较好的社会效益和经济效益。

1987年武陵酒厂全景（德山孤峰塔北厂区）

1987年武陵牌武陵酒（轻工部金奖杯）

规　　格丨高度　500g

厂　　名丨中国湖南常德市武陵酒厂

参考价格丨RMB　35,000

1987年11月　　　　　封膜"常德市武陵酒厂"

产品特征：

　　该款武陵酒封膜由原来的酒精膜改为热缩膜，且封膜上标注厂名，以做防伪。

1987年 高度 武陵牌轻工部金奖杯武陵酒 500g

20世纪80年代末期各界知名人士及新闻媒体到武陵酒厂参观指导工作

相关记事：

1987 年，人民大会堂武陵酒鉴赏会现场，受邀到场的有中国美术大师徐悲鸿遗孀廖静文女士、李谷一（歌唱家）、唐国强（演员）等，此次活动为武陵酒厂宣传武陵酒，起到了功不可没的作用。

20世纪80年代武陵酒厂

1988年裤币武陵酒（第一代）

规　　格 I 53%vol　500g
厂　　名 I 中国湖南省常德市武陵酒厂
参考价格 I RMB　35,000

产品特征：

　　裤币武陵酒于1987年由当代工艺美术大师韩美林先生设计，瓶身以战国时期古钱币为造型，采用仿青铜镀层，形似裤币，古朴典雅、庄重大气，是当时唯一一款以古代钱币为造型的酒类产品。有"武陵美酒香飘万里，裤币玉液名动九州"的美誉。包装侧面两枚金色奖章代表武陵酒荣获"一九八八年国家金质奖"和"1988年出口创汇金奖"，瓶侧文字为"武陵酒"及"中国名酒"的行楷书体，深受大家喜爱，1988年的第一代裤币武陵尤为稀缺，值得珍藏。

1988年 53%vol 第一代裤币武陵酒 500g

20世纪80年代湖南武陵酒厂裤币宣传资料

相关记事：

1988年，酒厂实现了产值508万元，销售收入800万元，利税167.5万元。

5月5日，在北京饭店为武陵酒裤币型系列产品举行了正式的发布酒会。设计者当代工艺美术大师中央美院韩美林教授表达了自己设计的动力："武陵酒好，好酒应有好包装。"此陶瓶形似裤币，古朴典雅，庄重精巧，寓意吉祥，富有中国传统文化的象征，这一设计获得广泛的赞誉，深受收藏爱好者的喜爱，此款酒被誉为"武陵美酒香飘万里、裤币玉液名动九州"。现场嘉宾一边品味武陵酒微醺抒怀，一边挥毫泼墨展现风采。中国书法家协会创始人舒同当场挥毫题词："芙蓉国里武陵香。"周名诚题词："武陵酒会，妙趣横生。众宾欢聚，乐也融融。"溥杰写道："千秋澄碧湘江水，巧酿香醪号武陵。"张平化则云："武陵山美，武陵酒香。"胡松华题写："神州奇酿。"

6月，常德地区改为常德市，原常德市改为武陵区。

11月，武陵酒的质量上来了，但外包装却一直跟不上档次，通过韩美林教授七次易稿设计出的裤币瓶形武陵酒首次亮相深圳展销会，一出场便惊艳四座。

12月，在北京举行的首届中国食品博览会上，武陵酒厂携裤币型包装一举夺得金牌，为来年的第五届全国评酒会做了充分的预演，奠定了坚实的根基。

1988年裤币武陵酒（第一代）

规　　格 | 48%vol　550ml
厂　　名 | 中国湖南省常德市武陵酒厂
参考价格 | RMB　28,000

产品特征：

　　1989年10月，武陵牌武陵酒（大曲酱香53°、48°）荣获国家质量奖审定委员会颁发的金质奖章。48°裤币武陵酒包装精美，酒质优良，存世稀少，为收藏精品。

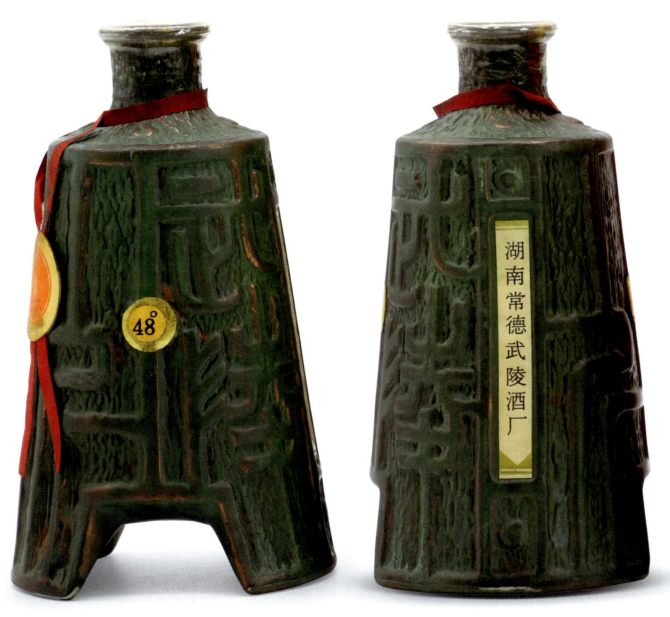

1988年 48%vol 第一代裤币武陵酒 550ml

武陵牌武陵酒（大曲酱香53°、48°）获1988年
国家质量奖审定委员会颁发的金质奖章证书

1988年国家质量奖审定委员会
颁发的金质奖章

1989年，第五届全国评酒会
国家名优白酒名单

相关记事：

1988～1998年，企业新增设备200多台（套），引进1000吨酱香型白酒酿造生产线1条、灌装生产线2套、制曲生产线1条。设备能力、技术力量均属国内先进水平。

注册商标：金奖杯图形（轻工部）使用时间：1988年～1990年。

常德市武陵酒厂技术力量强，设备先进，管理水平高，拥有20世纪80年代比较先进的酒类气相色谱分析仪，以及北京现代应用技术研究所的物理法促熟酒设备，并建立了一整套严格的质量管理体系。常德市武陵酒厂被推选为全国酱香型白酒技术协作组的副组长厂。

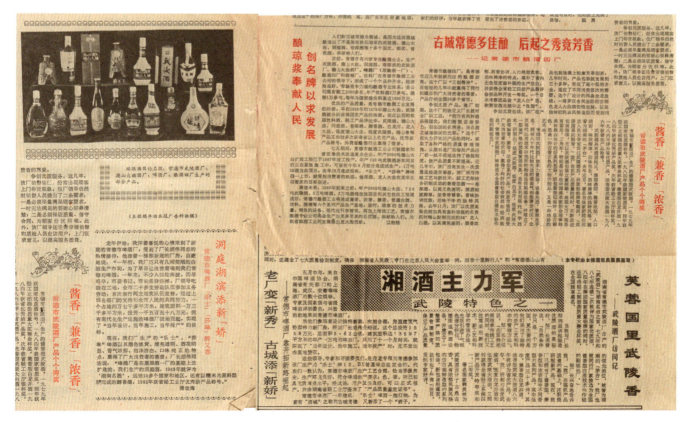

1988年《湖南日报》关于武陵酒的相关报道

1988年裤币武陵酒（第一代）

规　　格 l 53%vol　250g
厂　　名 l 湖南省常德市武陵酒厂
参考价格 l RMB　16,000

产品特征：

　　250g 裤币武陵酒与同年份的 500g 裤币武陵酒有所区别，其瓶身两侧文字为简体。包装侧面两枚金色奖章代表武陵酒荣获"一九八八年国家金质奖"和"1988 年出口创汇金奖"。此款裤币武陵存量稀少。

1988年 53%vol 第一代裤币武陵酒 250g

金液流千尺　旌诃到白头　1988年，韩美林书

20世纪80年代末期武陵牌武陵酒（三角形白瓷瓶礼盒）

规　　　格 I 高度　约175ml×2

厂　　　名 I 中国湖南常德市武陵酒厂

参考价格 I RMB　28,000

产品特征：

　　此款三角形白瓷瓶礼盒武陵酒文化底蕴深厚、体现出中国传统文化中"礼"与"酒"的完美结合，存世稀少。

　　背标内容：武陵酒属酱香型大曲酒，亦称茅型酒，居湖南名酒之冠，一九八四年荣获国家质量金牌和全国轻工系统质量大赛金杯奖。其工艺精良，风格独特，芳香浓郁，清澈透明，绵甜柔和，回味悠长，为高级宴会之佳品。

20世纪80年代末期 高度 武陵牌三角形白瓷瓶礼盒武陵酒 约175ml×2

相关记事：

　　1989年1月10～19日，在安徽省合肥市召开了第五届全国评酒会，也是迄今为止的最后一届全国评酒会。为了保证白酒评比的真实性，按照要求，由酿酒公司的刘先晃书记亲自带队，携秘书萧放赶赴青岛武警招待所，将武陵酒的对比小样，送到专家组手中。最后由专家组评比完后，再次转交到北京轻工业部白酒界泰斗秦含章手中。53°、48°武陵酒在参赛的300多种酒样中勇夺酱香型组的桂冠，二赛茅香，获得国家金质奖章，跻身中国十七大名酒（湖南唯一国家名酒）之列，从此结束了湖南没有"中国名酒"的历史。武陵酒登上了中国名酒的殿堂，也是湖南酿酒人的至高荣誉。第五届全国评酒会专家组高度认可武陵酒品质，并写下评语："酱香突出，幽雅细腻，口味醇厚爽冽，后味干净而余味绵绵，饮后空杯留香持久"。

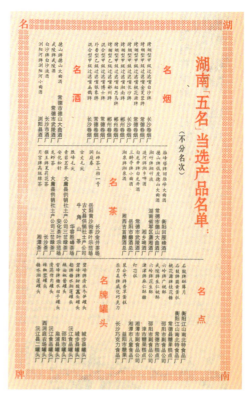

1988年7月26日《湖南日报》刊登的《湖南「五名」当选产品名单》

1989年11月7日《湖南日报》报道《我省食品行业传来喜讯：常德武陵酒首获国家金质奖》

1989年裤币武陵酒（第一代）

规　　格 I 53%vol　550ml
厂　　名 I 湖南省常德市武陵酒厂
参考价格 I RMB　30,000

1989年12月8日

相关记事：

　　1989年，在第五届全国白酒评比会上的盲品环节中，武陵酒以第一名的成绩荣获国家质量金奖，并连获两届国际博览会金奖，以优异成绩铸就了"中国名酒"的金字招牌，填补了湘酒历史的空白。

1989年 53%vol 第一代裤币武陵酒 550ml

打造武陵酒国家金质奖的主力军

1989年武陵牌武陵酒（骄子）

规　　格 | 53%vol　125ml

厂　　名 | 湖南省常德市武陵酒厂

参考价格 | RMB　8,000

产品特征：

　　在我国悠久的货币史中，诞生了丰富的钱币类型，其中有一种货币被称为币中"骄子"，即宋代钱币。骄子武陵酒系参照宋代钱币形状为瓶形，寓意"天圆地方，内敛乾坤"。此酒具有清澈透明，酱香浓郁，幽雅细腻，醇甜甘洌等特点。

1989年 53%vol 武陵牌骄子武陵酒 125ml

20世纪80年代初期，常德市武陵酒厂

1989年武陵牌武陵酒（轻工业部金奖杯）

规　　格 I 53%vol　500g
厂　　名 I 湖南省常德市武陵酒厂
参考价格 I RMB　18,000

产品特征：

　　此款酒沿袭 20 世纪 80 年代中后期武陵酒玻璃瓶形和酒标风格，在瓶盖上做出重大改革，由原来的塑料盖改良为金属螺旋盖，更利于酒体储存和瓶盖开启。

1989年 53%vol 武陵牌轻工业部金奖杯武陵酒 500g

1989年11月5日《人民日报》刊登的《国家技术监督局公告第二十二号
暨国家质量奖审定委员会办公室关于公布1988年国家名优白酒的通知》

20世纪80年代的武陵酒宣传资料

1989～1990年武陵牌武陵酒（金质奖章玻璃瓶）

规　　格 | 53%vol　500g

厂　　名 | 湖南省常德市武陵酒厂

参考价格 | RMB　18,000

产品特征：

　　此款酒是玻璃瓶到瓷瓶之间的过渡产品，塑盖已改良为金属螺旋盖。正标取消"一九八四年国家银质奖章"字样，只保留了"一九八八年国家金质奖章"。

1989～1990年 53%vol 武陵牌金质奖章玻璃瓶武陵酒 500g

名称：获得第五届全国评酒会（1989年1月）金质奖17种名酒（一套17瓶）
飞天、红星牌茅台酒；古井亭、长城牌汾酒；五粮液牌五粮液；洋河牌洋
河大曲；剑南春牌剑南春；古井牌古井贡酒；董牌董酒；西凤牌西凤酒；
泸州牌泸州老窖特曲；全兴牌全兴大曲；双沟牌双沟大曲、双沟特液；黄
鹤楼牌黄鹤楼酒；郎泉牌郎酒；武陵牌武陵酒；宝丰牌宝丰酒；宋河牌宋
河粮液；沱牌沱牌曲酒
收藏参考价：55000元－65000元

1989年第五届全国白酒评比会之"中国十七大名酒集锦"

第四章

1990～1998年

因地制宜　砥砺前行

1990年裤币武陵酒（第一代）

规　　格丨53%vol　530ml　265ml
厂　　名丨湖南省常德市武陵酒厂
参考价格丨RMB　26,000　12,000

产品特征：

　　1990年裤币武陵酒酒瓶侧面文字为简体，容量改为530ml及265ml，存世稀少。

1990年53%vol 第一代裤币武陵酒 530ml　　　　　　　1990年53%vol 第一代裤币武陵酒 265ml

古城笑迎四方客　吴刚敬酒号"武陵"

武陵酒属酱香型大曲酒，因常德古称武陵而得名。1979年被评为国家优质酒。1984年荣获国家银牌。1988年荣获国家金牌、中国食品博览会金牌和出口产品创汇金牌。1989年荣获国际博览会金奖。系中国17大名酒之一。

习仲勋、方毅、周名诚、王首道、张平化、曹里怀以及溥杰、舒同等名人为此赋诗题字。

著名画家韩美林为其创作设计的武陵酒系列包装，形似裤币，古朴典雅，庄重精巧，寓意吉祥，为中国名酒包装一绝。

武陵酒已远销到泰国、新加坡和香港等东南亚国家和地区，正逐步走向世界。

谨邀"两会"佳宾来厂光临指导。

厂长：邹同益
厂址：湖南省常德市德山洞庭南路　　电话：23209　25511　3050　电挂：2651　邮政编码：415001

1990年9月11日《常德日报》刊登的《古城笑迎四方客　吴刚敬酒号"武陵"》的武陵酒广告

相关记事：

1990 年，年产量 1000 吨。

1990 年，48°武陵酒荣获首届轻工业博览会金奖。

12月24日，常德市酿酒工业公司改组为常德市酿酒工业集团公司，对成员企业实行党政群、产供销、人财物"九统一"的管理机制。下辖常德市武陵酒厂，常德市德山大曲酒厂，常德市酒精厂，常德市饮料厂四家全民企业。

1990 年，"岳阳楼牌"商标从常德市酿酒工业公司又转到了常德市啤酒厂名下，自此该商标退出了白酒领域。

武陵飘香　方毅题

醇香浓郁　舒同题

武陵双胜　李锋题

1990年武陵牌武陵酒（金质奖章乳玻瓶）

规　　格 I 53%vol　500ml
厂　　名 I 中国湖南省常德市武陵酒厂
参考价格 I RMB　16,000

标准：DB4300×61 1-88

产品特征：

　　1990年金质奖章乳玻瓶武陵酒瓶沿袭传统萝卜瓶形，但酒瓶材质改用为避光效果更好的乳玻瓶。其1992年7月之前的酒标正面只印有国家优质酒奖章图形、业内称之为"单奖章"武陵酒。7月之后，印有国家优质酒奖章及1992年首届食品博览会金奖奖章，业内称之为"双奖章"武陵酒。此款酒还有红盒红标、红盒白标等品种。

1990年53%vol武陵牌金质奖章乳玻瓶武陵酒500ml

商標、瓶貼、瓶型鑒別

該產品爲醬香型大麯酒，係湖南省常德市武陵酒廠獨家生產，其註冊圖案采用古城常德之國寶錢金鐘，四周祥雲撩繞，圖案生動活潑，十分引人註目，商標標籤根據產品包裝檔次分爲三種典型標籤。

其中500g普通玻璃瓶標籤爲95×95毫米上橢下圓的彩色標籤，上中部是古金鐘配註冊圖案，金鐘兩邊爲大寫漢語拼音武陵及英文字母上中部是武陵二字，中部白底黑字框合邊的武陵酒酒名十分醒目，酒名下註明了"醬香型"三字，標籤的下面是金底紅字的"中國湖南常德市武陵酒廠"字樣及黑字拼音，由於包裝玻璃瓶上大下小頸部長，標籤和瓶口頸花的連接採用了一條寬15m/m的紅，金，藍相間的彩帶，頸花爲95×25毫米彩色圖案，接近標籤上部圖案，但無金鐘。

150g裝三角形白瓷瓶，標籤爲三張上下窄，中間寬尺寸110×50毫米，主標籤上部爲紅底燙金白邊武陵二字，陵字尾附一個圓形大紅底白色"酒"字，中間一條草體拼音武陵酒字樣，二張副籤上部分別爲草體武陵酒拼音和產品說明文字，三張標籤的中下部分別爲金杯，銀牌和註冊圖案。下部分別爲燙金古西漢車、馬、人物書，瓶口配80×10毫米金、黑、紅三色相間的彩條頸花一條，並配有精美的外包裝盒。500g和250g褲幣瓶標籤。

色、香、味感觀鑒別:

項目	指 標
色	無色或略帶微黃色，透明無沉澱和浮游物，無失光現象
香	醬香突出，略帶焦香，幽雅細膩，空杯留香持久
味	入口綿甜，醬香顯著，回味悠長
風格	醬香風格典型

理化指標鑒別:

項 目	指 標
酒精度（20℃%（V／V）	53 ±2°
總酯（以乙酸乙酯計）g／100ml	≥0.25
總酸（以乙酸計）g／L	≥0.15
固形物	≤0.04

氣相色譜圖

45

1991年裤币武陵酒（第一代）

规　　格 l 53%vol　265ml

厂　　名 l 中国湖南省常德市武陵酒厂

参考价格 l RMB　10,000

产品特征：

　　1991 年 265 毫升规格的裤币武陵酒存量稀少，其酒瓶侧面文字为简体，厂名标注为"湖南常德武陵酒厂"。

1991年 53%vol 第一代裤币武陵酒 265ml

相关记事：

　　20世纪90年代，武陵酒的"509"推广：90年代的武陵酒厂，在偿还集团公司负债期间，也不忘产品推广。当时参与过武陵王拍卖会的收藏者，都被誉为荣誉职工，每年9月9日，可获得武陵酒普包装1件。更是大胆提出'家有武陵酒，幸运跟着走'的想法，利用谐音，全城收集电话座机号，汽车牌，摩托车牌，单车牌，门牌号，BP机号等，凡涉及有"509"字样的信息，都可以在每年的5月9日领取武陵酒一件。

20世纪80年代的武陵酒厂

1991年武陵牌武陵酒（金质奖章乳玻瓶）

规　　格 I 53%vol　500ml　125ml

厂　　名 I 湖南省常德市武陵酒厂

参考价格 I RMB　10,000　3,000

产品特征：

　　乳玻瓶武陵酒为老酒市场主流品种，其酒体色泽金黄，酱香浓郁，幽雅细腻，醇甜甘洌。此款酒于1990～1992年之间生产的品质更佳。

1991年53%vol 武陵牌金质奖章乳玻瓶武陵酒 500ml 125ml

集聚人财物 增产名优酒
常德酿酒工业向集团化发展

本报常德讯 以国家名优酒武陵酒、德山大曲酒为龙头，由湖南常德市武陵酒厂、德山大曲酒厂、酒精厂、饮料厂4家全民工业企业组成的常德市酿酒工业集团公司日前正式成立。至此，常德酿酒业又向集团化方向迈出了新步伐。

这几家酿酒企业都有生产名优酒的设备和技术，曾经几分几合，相互间有一定的联系。由于前几次联合均系松散型的，形联实散，各自为政，最终都是不欢而散，重新形成单位割据，小而全的封闭经济，出现了名优厂家生产超负荷，其他厂家设备闲置，不能集中力量发展名优酒生产的不良状况。为此，常德市酿酒工业公司在市政府的支持下，对所属酿酒企业实行紧密型联合，利用集团厂现有的名优产品优势和技术力量等，在不增加投资的情况下，建立人力、物力、财力集聚的大中型企业，集中精力发展名优酒生产，变"指头"出击为"拳头"出击。

新成立的常德酿酒工业集团公司具有年产1万吨白酒、1万吨酒精的生产能力，以生产国家名酒武陵酒和国家优质酒德山大曲酒为主体。公司实行一级法人、两级管理、分级核算、自主经营、统负盈亏、统贷统还；所属成员企业是生产型单位，不具有法人资格，但原有的各项经济待遇和荣誉称号不变。公司的成立，对于发展常德酿酒工业、开拓国际市场等，都将发挥重要作用。

（单事贵）

1991年《华夏酒报》报道《集聚人财物　增产名优酒——常德酿酒工业向集团化发展》

相关记事：

1991 年，年产量 1200 吨。

1991 年，武陵酒荣获第二届北京国际博览会金奖。

1991 ～ 1994 年，更名为常德市酿酒工业集团公司。

1991 年，53°"单奖章"玻璃瓶、乳玻瓶武陵酒中，53°玻璃瓶塑盖、铁盖武陵酒存世极为稀少，是一瓶难求的收藏精品。

20世纪90年代外商来武陵酒厂考察品评武陵酒

1991年武陵牌武陵酒（金质奖章玻璃瓶）

规　　格 I 53%vol　500ml

厂　　名 I 湖南省常德市武陵酒厂

参考价格 I RMB　12,000

产品特征：

　　1991年，武陵酒同时使用了乳白玻璃瓶和透明玻璃瓶，其中透明玻璃瓶分为塑料盖与金属螺旋盖两种，均存世量稀少。

1991年53%vol武陵牌金质奖章玻璃瓶武陵酒500ml

常德日报
CHANGDERIBAO

号外

国内统一刊号 CN43—0038

热烈庆祝
武陵酒荣获国际金奖
德山大曲酒荣获国际银奖

捷报 捷报

在美国纽约国际白酒葡萄酒饮料博览会上
ZMGLYGJBJPTJYNBLFS
武陵酒、德山大曲分获金、银奖

本报记者 杨跃伟　特约记者 吕富勇

1992年2月24日至26日，在纽约举行的国际白酒葡萄酒饮料博览会。其广泛性、代表性和权威性堪称世界一流。有17个国家400多家公司的5000多个产品参加了博览会。我国的名优酒厂家在舞台上一展整齐的阵容和多彩的风姿。这是中国酿酒界参加世界酒类博览会规模最大的一次。

中国展览馆面积为110平方米。中国名酒武陵酒、中国优质酒德山大曲酒与茅台酒一起处于十分显目的位置，熠熠生辉，荣耀大厅。中国展团同来自美国、日本、英国、意大利、法国、匈牙利、比利时等十多个国家的客商进行了业务交流和洽谈，签订了一些合同和意向书，进一步开拓了我酒类出口市场。博览会上，外国友人、海外同胞、侨胞纷纷品尝武陵酒和德山大曲，称赞武陵酒为中国"酒中珍品"，不少客商希望代理经销。最后，经博览会专家评审，武陵酒力克群雄，质压群芳，夺得博览会金奖。德山大曲酒荣获银质奖。同时夺得国际金牌的还有茅台酒、五粮液、洋河大曲等。

国家技术监督局李保国副局长说
武陵酒、德山大曲酒名不虚传

1991年10月19日，国家技术监督局李保国副局长，视察了集团公司武陵酒厂和德山大曲酒厂，就酿酒集团的发展问题，发表了看法。他认为：集团的成立符合国家发展企业集团的方针，武陵酒是国家金牌，德山大曲酒是国家银牌，在历次国家评比中都名列前茅，名不虚传，现在形成了一家就要靠这两块牌子，扩大规模，促进企业的发展。

李副局长说：酿酒集团在提高产品质量的同时，要利用本地区是粮食基地的特点，加强原料基地建设，减少对东北地区的依赖性，他还强调，武陵酒、德山大曲酒名度好，但知名度不太高，要利用各种宣传渠道开展广告宣传，不断的提高常德酿酒集团和武陵酒、德山大曲酒的知名度。

2月13、14日，省委书记熊清泉、副书记杨正午和省长陈邦柱在市委政府要领导的陪同下，视察了集团公司，分别作了重要讲话。熊清泉书记说，集团发展方向是正确的，要坚定不移地走下去，把握良好的发展势头，狠抓质量，深化三项制度改革，尽快形成规模经济效益。陈邦柱省长说，集团发展方向是对的，要坚持下去，这个集团有金、银牌、有龙头、形成了优势，首先，要在常德站稳脚跟，要显示巨大的经济效益和社会效益。在产品结构和经营战略上要坚持以短养长，以副养主，一业为主多种经营。

最后，陈邦柱省长还饶有兴味地品尝了武陵酒并和市党政领导一起举杯祝集团公司全体干部职工为在"八五"期末实现年产量十万吨、产值三亿元和利税六千万元的宏伟目标而努力奋斗！

图为省长陈邦柱视察集团公司

吕富勇 汪宪俊

集团公司副书记杨正午视察集团为省委书记熊清泉

有金牌、有银牌，形成了优势，集团的路走对了。

献辞

总经理 刘长生
党委书记 周庆元

斗换星移，时光流逝，常德酿酒工业集团公司以其科学的管理，精湛的工艺，上乘的质量，优良的售后服务，赢得了广大消费者的青睐，产品畅销全国，供不应求。在此，我们谨代表集团公司全体干部职工向关心、支持我们集团，推介我们产品的各位领导、各界同仁、各位朋友，致以亲切的问候和诚挚的谢意！

中国名酒武陵酒、中国优质酒德山大曲是本公司的拳头产品，团结务实，开拓奋进是常德人的企业精神，现代科技和传统工艺完美结合，使名优产品如虎添翼，使集团具有强大的生命力和吸引力。"八五"期间，集团将逐步扩大，由紧密型的地方性企业集团发展到跨行业跨地区，多层次的工科贸一体化的企业集团。

常德酿酒工业集团的兴旺发达，需要您一如既往的支持与合作，愿您和常德美酒一起时来好运。

坚持改革开放　发展酿酒工业

中共常德市委书记 庞道沐

常德以盛产"武陵酒"、"德山大曲"等国家名优酒而蜚声省内外，我市酿酒工业，在改革开放的大潮之中，近年来走上了集团化的发展道路。尽管目前还处在完善之中，但她所蕴藏的巨大生命力不可低估。

常德酿酒工业集团的组建，使我市的酿酒工业形成了强有力的"拳头"。企业管理不断加强，产品质量不断提高，销售市场不断拓宽，经济效益不断上升，在全省食品行业中占有重要一席，可喜可贺。当前，我们面临着一个大改革、大开放、大发肥的机遇。机不可失，时不再来。这个机遇，对于我市酿酒工业和其它各行各业的发展，都极为有利。我们要"抓住时机，发展自己"，"尽可能地搞快些"。如何把握机遇，加快我市酿酒工业的发展，重点是要搞好"两个加强"、"两个加快"。一是要加强改革力度，强化集团化管理。集团公司要站在建设"酒市"的高度，制定发展战略，以联合体为纽带，建立和完善全市性酿酒企业集团，实现工、贸、科一体化。二是加强企业内部管理，转换经营机制。要用铁的决心、铁的手段和铁的纪律打破企业现存的铁交椅、铁工资、铁饭碗，真正做到干部能上能下，职工能进能出，工资能高能低，使企业充满生机和活力。三是要加快调整企业产品结构的步伐，不断提高产品质量，在发展名优酒的同时，要根据市场需求，积极开发低度、营养、疗效、保健等新的品种，形成高中低档配套的多样化、系列化、多层次产品结构。四是要加快科技转化的速度，狠抓技术改造，提高经济效益。要创造条件，建立技术开发中心和技术信息中心，进一步抓好新设备、新工艺、新成果的引进和消化，有计划、有步骤地加快技改步伐，不断增强企业发展后劲。

常德美酒誉满神州，走向世界；常德经济发展一定会随着改革开放的进一步深入和扩大而加快步伐！

组稿 吕富勇 覃事贵 汪宪俊　电分 翟义安 邹楼元 方建国
设计 曹劲风 漆跃辉　摄影 刘跃武　责任编辑 杨跃伟

1992年2月24日《常德日报》以"号外"报道《武陵酒获金奖》

075

1991年武陵牌武陵酒（金质奖章玻璃瓶）

规　　格 I 53%vol　500ml

厂　　名 I 湖南省常德市武陵酒厂

参考价格 I RMB　12,000

产品特征：

　　1991年，武陵酒同时使用了乳白玻璃瓶和透明玻璃瓶，其中透明玻璃瓶分为塑料盖与金属螺旋盖两种，均存世量稀少。

1991年53%vol武陵牌金质奖章玻璃瓶武陵酒500ml

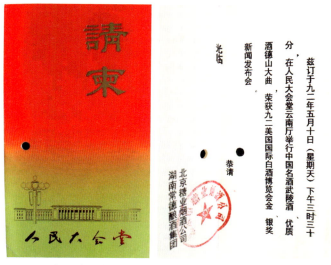

1992年"中国名酒武陵酒优质酒、德山大曲荣获92美国国际白酒博览会金银奖新闻发布会"人民大会堂请柬

1992年第七届全国人民代表大会第五次会议宴会

1992年5月10日中国名酒武陵酒荣获92美国国际金银奖新闻发布会出席人员合影

1992年裤币武陵酒

规　　格 | 53%vol　250ml
厂　　名 | 中国湖南常德酿酒工业集团公司武陵酒厂
参考价格 | RMB　15,000

裤币武陵酒包装盒背面　　瓶身侧面　　包装盒侧面

产品特征：

此款酒外盒包装以书法列阵作为背景展现，彰显大气磅礴、文化深邃的审美品味，存世量极为稀少。

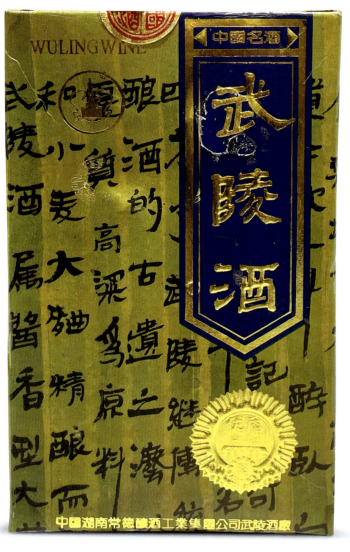

1992年 53%vol 武陵牌裤币武陵酒 250ml

1992年常德桃花源第一届游园会

相关记事：

  1992 年，常德桃花源举办第一届游园会。此届游园会受到湖南省各级领导的高度重视，以及社会各界的关注，闻讯而至的各省市相关领导及企事业单位负责人等嘉宾云集。为了感谢嘉宾的到来，常德市政府特地准备了两份具有常德地方特色的特产作为馈赠：一是桃花源游园册，二是武陵酒裤币版 125g 纪念酒。

  常德桃花源为 5A 级风景区，是陶渊明《桃花源记》中的世外桃源。武陵酒可以说，武陵酒与桃花源为带动常德地方旅游文化的发展，发挥了积极的作用。

裤币武陵酒宣传资料

1992年武陵牌武陵酒（金质奖章红标乳玻瓶）

规　　格 I 53%vol　500ml

厂　　名 I 常德酿酒工业集团公司武陵酒厂

参考价格 I RMB　11,000

产品特征：

　　1992年53°红标乳玻瓶武陵酒为出口产品，其正标厂址为中英文对照，酒标与酒盒均以红色为主调，喜庆大方、尊贵典雅，市场较为少见。

1992年 53%vol 武陵牌金质奖章红标乳玻瓶武陵酒 500ml

湖南常德酿酒工业集团公司

湖南常德酿酒工业集团公司
总经理周庆元

常德酿酒工业集团公司是全国名优酒重要生产基地之一，具有年产万吨饮料酒的生产能力，系国家大二型企业。

常德自古就有"贮精粮，甄甘醇"之高超技艺。历史上众多名将和文人墨客如孔明、岳飞、陶渊明、李白、韩愈、苏东坡、孟浩然等都曾与常德的美酒结下了不解之缘。明《嘉靖常德府志》记载有宋朝诗人张虚白"武陵溪畔崔婆酒，天上却无地上有，南来道士饮一斗，醉卧白云深洞口"的诗篇。

武陵酒是常德酿酒工业集团公司继承"崔婆酒"之遗法，并结合现代科学技术精心酿制而成的酱香型大曲酒，具有清澈透明、酱香浓郁、入口绵甜、后味爽净等特点。该产品在1988年第五届评酒会上被评为国家名酒并获金质奖；同年又获首届中国食品博览会金质奖和出口产品创汇金质奖；1989年、1991年两次荣获北京国际博览会金质奖。武陵酒及其系列产品畅销全国24个省、市、自治区及日本、德国、泰国、马来西亚、新加坡、香港、澳门等国家和地区。

武陵酒厂主导产品武陵酒

20世纪90年代湖南常德酿酒工业集团公司宣传资料

1992年武陵牌武陵酒（金质奖章乳玻瓶）

规　　　格｜53%vol　500ml　250ml　125ml

厂　　　名｜中国湖南常德酿酒工业集团公司武陵酒厂

参考价格｜RMB　10,000　6,000　3,000

产品特征：

　　乳玻瓶武陵酒为老酒市场主流品种，其酒精度分为53°、48°和38°；容量分为500毫升、250毫升和125毫升。酒体色泽金黄，酱香浓郁，幽雅细腻，醇甜甘洌，回味悠长。

1992年53%vol 武陵牌金质奖章乳玻瓶武陵酒 500ml　250ml　125ml

今年八月份出厂的武陵酒，全部为改进后的包装，共分为三大系列。

乳白瓶系列

酒瓶采用大曲酱香型酒通用的圆柱体瓶型，用料均为乳白磨砂，颈身四条圆轮，瓶身两条横筋，封口为红色扭断盖，礼品盒采用深红色为底色，正面「武陵酒」三字采用魏碑字体，左侧为酒瓶照片，背面为有奖题词「武陵飘香」。该系列有五十三度，四十八度、三十八度三个度数和500ml、250ml、125ml、50ml四种计量包装。

古裤币系列

该系列原有五十三度、四十八度的500ml、250ml、125ml的三种包装未做大变动，只在裤币瓶的加工工艺上做了改进和完善，并对瓶盖进行了彻底改造，将原来的塑料菌子盖改为进口软木塞盖；从而根治了渗漏现象。

三角瓶系列

应经销单位和广大消费者的要求，保留了这种瓶型，改造了原有瓶盖，一律采用红色金属扭断盖。

为了使消费者饮武陵酒饮得高兴饮得放心，我们将不遗余力地加强防伪、打假工作，以保护您的身体，维护您的身份。下面，介绍几种识别真假武陵酒的方法。

从颜色上辨别。真武陵酒色带微黄透明无杂色，伪劣品多为酒色浑浊且失光严重。

从味觉上辨别。武陵酒具有酱香突出、酒体丰满，入口绵甜、且优雅细腻、不上头、空杯留香持久等特点，喝后烧心、头晕、酒味刺鼻，伪劣品多无酱香味。

肖放

1994年《湖南日报》刊登《请君认准真"武陵"》一文，详细介绍了50ml乳玻瓶系列武陵酒

相关记事：

1992年，年产量1200吨。

2月，武陵酒在美国国际白酒博览会上夺得了金奖。此后，武陵酒标上又多了一枚奖章，业内简称为"双奖章"。

5月10日，在北京人民大会堂云南厅召开中国名酒武陵酒、优质酒德山大曲荣获92美国国际白酒博览会金银奖新闻发布会。

是年，时任常德市酿酒集团公司办公室主任江柏桂创作《喜武陵酒获国际赛金牌》一诗，以示祝贺。其诗云："武陵特产武陵酒，国际夺魁传万口。安得人人志气高，神州尽是射雕手。"

1992年53%vol武陵牌武陵酒250ml

1992年武陵牌武陵酒（优质双奖章乳玻瓶）

规　　格 I 53%vol 48%vol 38%vol　500ml 250ml 125ml

厂　　名 I 中国湖南常德酿酒工业集团公司武陵酒厂

参考价格 I RMB　10,000（53%vol　500ml）

产品特征：

　　1992年下半年开始，乳玻瓶武陵酒酒标改为两种奖章图形，厂名变更为"中国湖南常德酿酒工业集团公司武陵酒厂"。业内称之为"双奖章"武陵酒。

1992年 53%vol 武陵牌优质双奖章乳玻瓶武陵酒 500ml

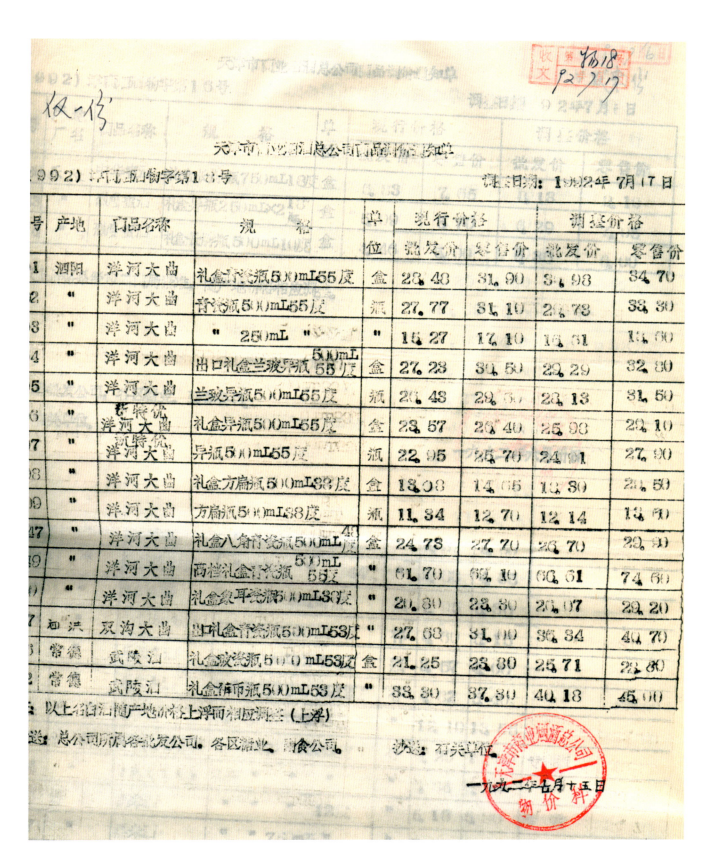

天津市商业烟酒总公司商品价格调整单

（1992）津商五物字第18号   调整日期：1992年7月17日

号	产地	商品名称	规格	单位	现行价格 批发价	现行价格 零售价	调整价格 批发价	调整价格 零售价
1	泗阳	洋河大曲	礼盒青瓷瓶500mL55度	盒	28.48	31.90	31.98	34.70
2	"	洋河大曲	青瓷瓶500mL55度	瓶	27.77	31.10	29.73	33.30
3	"	洋河大曲	" 250mL "	"	15.27	17.10	16.31	18.00
4	"	洋河大曲	出口礼盒兰玻异瓶500mL 55度	盒	27.23	30.50	29.29	32.80
5	"	洋河大曲	兰玻异瓶500mL55度	瓶	26.43	29.30	28.13	31.50
6	"	特优 洋河大曲	礼盒异瓶500mL55度	盒	23.57	26.40	25.98	29.10
7	"	特优 洋河大曲	异瓶500mL55度	瓶	22.95	25.70	24.91	27.90
8	"	洋河大曲	礼盒方扁瓶500mL38度	盒	13.08	14.65	18.30	20.50
9	"	洋河大曲	方扁瓶500mL38度	瓶	11.34	12.70	12.14	13.70
47	"	洋河大曲	礼盒八角青瓷瓶500mL 48度	盒	24.73	27.70	26.70	29.90
49	"	洋河大曲	商档礼盒青瓷瓶500mL 55度	"	61.70	69.10	66.61	74.60
50	"	洋河大曲	礼盒象耳瓷瓶500mL38度	"	20.80	23.30	26.07	29.20
7	泗洪	双沟大曲	出口礼盒青瓷瓶500mL53度	"	27.68	31.00	36.34	40.70
8	常德	武陵酒	礼盒玻瓷瓶500mL53度	盒	21.25	23.80	25.71	28.80
2	常德	武陵酒	礼盒裤币瓶500mL53度	"	33.80	37.80	40.18	45.00

注：以上名酒随产地价格上浮而相应调整（上浮）

主送：总公司所属各批发公司、各区酒业、副食公司。   抄送：有关单位。

一九九二年七月十五日

1992年7月15日天津市礼盒玻瓷瓶武陵酒零售价28.80元、礼盒裤币瓶武陵酒零售价45.00元

1993年武陵牌武陵酒（优质双奖章乳玻瓶）

规　　格丨53%vol　500ml

厂　　名丨中国湖南常德酿酒工业集团公司武陵酒厂

参考价格丨RMB　10,000

产品特征：

　　此款酒酒厂名称标注为"中国湖南常德酿酒工业集团公司武陵酒厂"，酒标为"双奖章"。酒盒以红色为主调，喜庆大方、尊贵典雅。

相关记事：

　　1993年，武陵酒年产量1200吨。

1993年 53%vol 武陵牌优质双奖章乳玻瓶武陵酒 500ml

湖南常德醸酒工業集團公司

CHANGDE, HUNAN CHINA
WINE-MAKING INDUSTRY GROUP COMPANY

總經理 劉長生
General Manager: Liu Chang Sheng

中國湖南常德醸酒工業集團公司，以中國名酒國際金獎武陵酒、中國優質酒國際銀獎德山大曲為牽頭組建的中南六省最大的緊密型醸酒集團，是全國名優酒重要生產基地之一。公司現有職工三千人，固定資產原值六千萬元，具有三萬噸飲料酒和酒精生產能力，年工業總產值銷售收入過億元，系國家大Ⅱ型企業。

常德享有"酒市"盛名。集團公司是帶頭產業、技術力量雄厚、設備配套齊全、檢測手段先進，產品結構合理，擁有醬香、濃香、兼香、清香、勾兌配製和食用酒精共七個系列50多個品種。產品暢銷全國24個省、市自治區，遠銷美國、日本、西德、港澳地區和東南亞諸國，受到了國內外各屆人士的贊許。

我謹代表常德醸酒工業集團公司向各界同仁、各位朋友、廣大消費者致以熱切的問候和誠摯的謝意。

祝願您和常德美酒一道時時好運！

地址：中國湖南常德
電話：0736—225520
郵政編碼：415000

Changde Wine-Making Industry Group Company, Hunan China, is one of the main bases for brewing excellent and famous wines. Being the biggest tightly-netted winery group in the southern part of China (6 provinces), it is formed mainly of several wineries amony which there are the international gold prize winner for "Wuling Wine" and the international silver prize winner for "Deshan Da Qu". This Company is one of China's state-run industrial giants. It has fixed assert of about 60,000,000 yuan. It has 3000 workers and staff members on its payroll, and its annual output value is more than 100 million yuan. It has the capacity of producing 30,000 tons of drinkable spirits and alcohol.

Changde is known as "the town of wines". This company is a well-appointed leading enterprise with a strong technical force, advanced means of checking and a rational production of different kinds. The skillfully-distilled spirits have a wide variety of fragraces. The production is of 7 drinkable spirit series and more than 50 items. Enjoying the praises from personalities of various circles, the company's products have found a ready market in the United states of America, Japan, Germany, Macao, Hong Kong and some Southeast Asian countries as well as in 24 provinces and autonomous regions of China.

Let me present Changde Wine-Making Industry Group company to send every league, friend and customer our warm greeting and sincere thinkness.

May you and Changde fine wine good lucks forever! C

Add: Changde City Hunan
Tel: 0736—225520
Postcode: 415000

1993年武陵酒宣传资料

1993年 53%vol 武陵牌优质双奖章武陵酒 125ml

1993年武陵牌武陵酒（三角形白瓷瓶礼盒）

规　　格 I 53%vol　175ml×2

厂　　名 I 中国常德市武陵酒厂

参考价格 I RMB　20,000

产品特征：

　　沿袭80年代末期三角形白瓷瓶礼盒武陵酒整体风格，正标由轻工部金杯奖变更为名酒金质奖章图案。

　　背标内容：武陵酒属酱香型大曲酒，一九八八年获国家金质奖，同年荣获轻工部出口创汇金奖。其工艺精良，风格独特，芳香浓郁，绵甜柔和，回味悠长，为高级宴会之佳品。

1993年 53%vol 武陵牌三角形白瓷瓶礼盒武陵酒 175ml×2

不信春风唤不回

——常德武陵酒厂沉浮录

胡勇斌、伍长庆、田正校

鲁迅先生曾经说过："回复旧道的事是没有的，一定有迁移；维持现状的事也是没有的，一定有改变。"也许，这就是人们所说的改革。

——题记

市场经济既是无情的，也是有情的，说它无情，即任何企业都站在改革的横杆前，谁有胆识就越过去，否则，就败下来；说它有情，即市场经济对于勇敢者格外青睐，为他们提供了一次又一次崭露头角的机会。朋友，让我们循着常德市武陵酒厂历经沉浮的轨迹，去领略一番它脱胎换骨的洗礼吧！

上篇：武陵酒何以悄然隐退

常德市武陵酒厂这个蜚声海内外的国家名酒生产企业，"武陵酒"拥有的响当当的国际金牌，为什么骤然间在人们的视野里失去了往日的辉煌？并且伴生出许多令人深恶痛绝的种种痈疽？

往年8月，武陵酒厂的厂长像躲灾一样躲避客户的纠缠；今年8月，厂长却在简易的办公室里运筹帷幄，谋求重新占领市场的方略。

有人如是说：武陵酒厂用别人的假酒在灌肥了别人同时也灌倒自己。是耶？非耶？

复出的厂长邹同益向记者讲述的下面几则故事，可以作为佐证：

1990年下半年，湖北一家酒厂派人来武陵酒厂请求与厂里联营，对方许诺用该厂生产的酱香型"珍珠液"酒勾兑"武陵酒"灌装出厂，他们只收回成本，以0.5公斤4元的优价卖给武陵酒厂，这样，武陵酒厂每吨酒可净赚2万元。当时，厂长邹同益将此事提到厂职代会上决议。结果，职工们异口同声：武陵酒绝对不可以联营！那个酒厂派来的"使节"只好扫兴而归。

1991年，常德市酿酒集团公司成立后，由于没有一套完整的管理体系，也没有酿酒规范和标准，加上决策者的质量意识欠缺，这样，湖北的那家酒厂得以乘虚而入，使武陵酒厂不攻自破。头一年，这个年产能力 还不到100吨、面临倒闭的劣质酒厂，为武陵酒厂提供低质酒150余吨。次年，这个厂又组织了350多吨低劣酒，鱼目混珠送到武陵酒厂。1993年上半年，东窗事发：那家酒厂一职工向武陵酒厂寄来一份告状信，信中称：发运给武陵酒厂的酒大部分是厂里从贵州的一些私人作坊和小酒厂收购的劣质酒，个别人得了好处，具体金额可来厂里了解。不久，告状人遭到迫害。

在这种背景下，一时间，倒卖假酒的个体大军一哄而上，狼烟四起，连一些国有公司也堂而皇之地将假冒伪劣的武陵酒摆上柜台、货架。

1990年秋，在一次打假活动中，仅汉寿县毛家滩一窝就端了六个造假武陵酒的专业户，其中一人判刑3年。

1991年春，在第二次打假活动中，又有16个个体酒店被查封，但一个靠造假酒起家的"老板"却一直逍遥法外。

武陵酒厂的外部环境是这样，内部环境也是如此。

由于酿酒公司对产品包装质量没有进行有效的把关，导致大部分的包装瓶不合格，产品出厂后，其包装渗透率高达60%。这个根据用户退货统计出的比例，实在令人吃惊！

1993年上半年，因为产品渗透严重，发往上海的几百箱武陵酒全部退货。这年，武陵酒厂出现严重亏损。

亏损，像一道强电流猛击着武陵酒厂职工的心，人们用不同的方式发泄心中的愤懑，上班打牌、下棋、串岗……面对这急剧变化的形势，厂领导感到茫然不知所措。

亏损，引起不满；不满，加速了亏损。如此恶性循环，使武陵酒厂在困境中越陷越深。

就这样，武陵酒厂在内忧外患的夹击中留下的是债务，留给人们的是无尽的思考……

超越自我　再领风骚

武陵酒厂厂长　邹同益

武陵酒决不重复别人，也决不重复自己。为实现武陵酒的"中兴"，我们立下这样的誓言。

武陵酒经历了近3年的风雨坎坷，我们从这一市场低潮中受到了洗礼。知耻而后勇，哀兵必胜，我厂已进入全面警醒，奋起的季节。创一代世界名牌，成为我们正在实施的工作目标。我们有基础，有机遇、有新的运行机制，因而有开创一方新领地的把握。

不重复别人，不意味着排斥借鉴。相反，我们要将自己置身于国际国内酿酒工业的大背景中，勾画我们的生存和发展方位。"知彼"，方能超越"彼"，创出独立于此的"此"——武陵酒就是武陵酒。我们深知，"知彼"殊非易事。但我们所要探究的并不是别人一般微观的工艺和技术，而是宏观的生存智慧、发展战略。我想，这是我们走向世界的钥匙，高屋建瓴，总揽全局的"纲绳"

不重复自己，不意味中断传统。相反，我们是要将我们悠久的酿酒技术、独特的生产工艺发扬光大。我们要构建丰富多采的"武陵酒文化"，弘扬一种负载着高度文化内涵的企业精神。"知己"，方能超越"己"。这种超越，主要是市场意识的超越。我们将严格针对市场操作。这中间，最重要的当然是"质量立厂"。这虽然是企业万古不变的主题，但在市场经济条件下，它又具备了更丰富的内涵：产品质量和各个环节的综合服务质量必须整体联动，一个环节脱轨，其他单方面质量就很可能是白抓。所以，"质量立厂"，这是"武陵酒文化"的最深层内涵。没有这个基础，其他一切都是纸上谈兵。

我们需要跨越，需要站在新的起飞点上。我们为拥有更光辉灿烂的明天而真抓实干。消费者，永远是我们的"上帝"！

中篇：武陵风采依然在

常德市武陵酒厂坐落在沅水河畔风景秀丽的德山孤峰岭上。这里自古以来即是酿酒胜地，其酿酒业历史悠久，源远流长。早在唐代以前，武陵山脉一带的人民就有"储精粮，甑甘醇"的习惯，逢年过节，婚丧喜事，"酿美酒、款宾客"早已成为常德人民的乡俗民风。相传南宋时，有一位从天而降的仙女，住在德山孤峰岭上一口名叫"老龙潭"的深井旁。仙女自称"崔婆"，其酿酒手艺超群，能将潭内喷涌而出的泉水酿成美酒，堪称玉液琼浆。一天，有个道法高强的道士云游至此，"饮崔婆酒数樽"后，竟"一眠三载不醒"。后来，他写了一首《赠崔氏酒炉诗》——"武陵溪畔崔婆酒／天上应无地下有／南来道士饮一斗／醉卧白云深洞口"赠与崔婆，从此，武陵产美酒的消息不胫而走，吸引了无数骚人迁客的到来，也留下了譬如"老妪香菊古瓦盆，当时胜入杏花村"等脍炙人口的诗篇，由此，崔婆也成为人们心目中的酒仙。又传，八仙之一的吕洞宾路过德山脚下的莲花池，见池中莲花亭亭玉立，清香扑鼻，不觉独倚垂柳止步赏花，但有荷花幽香，而无美酒助兴，实在扫兴。于是，他拔剑三点，点出三滴泉水，泉水被莲花的清香熏陶，就变成了甘冽的美酒，后人将此地称为三滴水，并沿用至今。虽然，美丽的神话传说无可考证，然而，常德酿美酒的历史却可见一斑。

沧海桑田，日月轮转。五十年代初，国家将常德酿造武陵酒的私人作坊合并收归国有，成为今天武陵酒厂的前身。六十年代末，厂里接到省政府下达的任务：生产一种专供接待外宾用酒。当时，厂里委派负责抓技术的鲍沛生、张国锦夫妇去茅台酒厂参观取经。厂里考虑到茅台是国酒，便决定采用与之相同的酱香型，很快研制出一种风格独特的武陵酒。1971年春，鲍沛生将厂里试制的酒样带到茅台酒厂，对酒样进行全面的技术鉴定。结果惊人的奇迹出现了：将武陵酒酒样与茅台酒厂三个车间生产的酒样混放在一起，每个样杯贴上标签，经过专家对各项指标考核，盛有武陵酒样的"五号杯"获总分第一名。

武陵酒的工艺是成熟的，起点是高的。这是专家们对武陵酒的公正评价。

武陵酒委实出手不凡！

武陵酒厂拿着一张满意的答卷，镇定而又自信地走向市场，走向世界。他们继承传统的"古遗之法"，将千年的名牌产品发扬光大。以优质高粱为原料、小麦作曲酿造出的武陵酒，以其微黄透明，酱香浓郁，酒体丰满醇厚，入口绵甜，回味悠长，空杯留香经久不息的突出特点，相继屡获殊荣：1979年全国第三届评酒会被评为国家优质酒，1981年全国庐山评酒会获酱香型全国第一名，1984年全国第四届评酒会获国家银牌和轻工部金杯奖，1988年获全国第五届评酒会金奖，跨入全国十七大名酒行列，为全省食品行业夺得国家级最高荣誉，1989年获首届北京国际博览会金奖和出口创汇金牌。武陵酒厂也因此名声大噪，一举成为全市乃至全省的创税利大户。

下篇：振兴武陵正逢时

名酒需要名厂长，高山流水有知音。

1994年5月，在常德酿酒集团公司撤销之际，邹同益受命于危难之时，再度出任武陵酒厂厂长。顿时，全厂一片沸腾。

邹同益何许人也？他四十有几，稍胖的个子，显得机警而精灵，一双眼睛炯炯有神，一件印花T恤衫穿在身上，看上去随和朴实，但骨子里透出一股自信。在酿酒行业，曾任技术科长、设备科长、副厂长、厂长、副总经理。熟识他的人都知道，邹同益既有理论知识，又有丰富的实践经验，是治厂的一把好手。

被推上厂长位置的邹同益并没有沾沾自喜。一连好几天，他吃不好，睡不香，工厂里一幕幕情景好比过电影一样，在他脑海里重现。这样一个烂摊子，人心像盘散沙，弄不好自己也得搭进去；但那一双双信任的目光，又使他心里如小鹿撞一般。想到这，邹同益把心一横：背水一战，不到长城非好汉！

在全厂职工大会上，邹同益敞开心扉，讲得那么坦然，那么诚恳。

"过去武陵酒厂打开市场靠的是质量，后来从市场上败下阵来也是质量，今天，我们要重新占领市场，还是要靠质量。"

老邹进厂的第一件事，就是狠抓产品质量。今年5月，他组织厂里的质检人员对全厂库存的3600多吨武陵酒进行了全面的质量普查，结果查出236吨酒属于丙级产品，不能按武陵酒出厂。他们还对每一坛酒分别进行了编号、建档，重新制定出厂酒的标准，先后从省里买回茅台酒、白沙液酒的标样。目前，厂里制定的标准高于"五星茅台"，略低于"飞天茅台"，他们还将原来公司的标准与现在的标准对比，结果公司的标准排在最后。同时，厂里从选料到产品出厂14道工艺，道道关口都有专职质检员把守。

现在，武陵酒厂新出厂的第一批武陵酒刚一推上市场，就受到普遍赞誉，有人称它是湖南的小茅台，也有人称它是宫廷美酒。一位日本客人豪饮之后说："武陵，大大的好！"

武陵酒本来就是酒坛上的玉液琼浆，虽然走过了一段坎坎坷坷、风风雨雨的路程，但我们深信，今天的"武陵"，已经拂去了往日的尘埃，不仅具有当年的醇香，而且经过变革，更具魅力。

振兴"武陵"正逢时，"武陵"的明天更美好！

请君认准真「武陵」

今年八月份出厂的武陵酒，全部为改进后的包装，共分为三大系列：

乳白瓶系列

酒瓶采用大曲酱香型酒通用的圆柱体瓶型，用料均为乳白磨砂，颈身四条圆轮，瓶身两条横筋，封口为红色扭断盖，礼品盒采用深红色为底色，正面「武陵」二字采用魏碑字体，左侧为酒瓶照片，背面为中英文对照产品文字说明及条形码，右侧为方毅题词「武陵飘香」。该系列有五十三度、四十八度、三十八度三个度数和500ml、250ml、125ml、50ml四种计量包装。

古裤币系列

该系列原有五十三度、四十八度的500ml、250ml、125ml的三种包装未做大变动，只在裤币瓶的加工工艺上做了改进和完善，并对瓶盖进行了彻底改造，即将原来的塑料菌子盖改为进口软木塞盖，从而根治了渗漏现象。

三角瓶系列

应经销单位和广大消费者的要求，保留了这种瓶型，改造了原有瓶盖，一律采用红色金属扭断盖。

为了使消费者饮武陵酒饮得高兴、饮得放心，我们将不遗余力地加强防伪、打假工作，以保护您的身体，维护您的身份！

下面，介绍几种识别真假武陵酒的方法：

从颜色上辨别。真武陵酒略带微黄、透明无杂色，伪劣品多为酒色浑浊且失光严重。

从味觉上辨别。武陵酒具有酱香突出、酒体丰满，入口绵甜，且优雅细腻、不上头、空杯留香持久等特点，伪劣品多无酱香味、酒味刺鼻，喝后烧心、头晕。

肖敖

1994年9月7日《湖南日报》第八版整版报道常德武陵酒厂

1993年武陵牌武陵酒（酒版礼盒）

规　　格 I 53%vol　125ml×4
厂　　名 I 常德酿酒工业集团公司武陵酒厂
参考价格 I RMB　28,000

产品特征：

　　该礼盒系武陵、德山酒厂合作的酒版套装之一，包括湖南常德酿酒工业集团公司旗下的武陵酒、德山大曲、黄酒、国魂酒四大品类。市场稀少，为收藏佳品。

53%vol武陵酒　　　　18%vol黄酒　　　　50%vol国魂酒　　　　54%vol德山大曲

WINE MAKING

禮品酒
GIFT WINES

以中國名酒武陵酒、中國優質酒德山大曲、傳統產品黃酒和新產品國魂酒四瓶包裝爲一盒、醬、濃、兼、醇四香齊全、爲饋贈佳品。

It is a set of 4 chinese fine wines: Wuling wine, DeShan DaQu, the traditional millet wine and the new member of GuoHun wine. It is also a whole set of 4 main types of fragrance of chinese wines. Therefore, people may easily find it a natural gift to friends.

常德醸酒工業集團公司
Changde wine-making Industry Group Company

20世纪90年代武陵酒广告

1994年裤币武陵酒（第二代）

规　　格 | 48%vol　500ml
厂　　名 | 中国湖南常德市武陵酒厂
参考价格 | RMB　6,000

古裤币系列

该系列原有五十三度、四十八度的500ml、250ml、125ml的三种包装未做大变动，只在裤币瓶的加工工艺上做了改进和完善，并对瓶盖进行了彻底改造，即将原来的塑料盖改为进口软木塞盖，以而根治了渗漏现象。

1994年，《湖南日报》"古裤币系列"

相关记事:

　　1994年，年产量500吨，销售额1200万元。

产品特征:

　　瓶形沿袭之前裤币武陵酒的整体风格，对瓶盖进行了彻底改良，由原来的塑料盖改为进口软木塞盖，更有利于酒体储存，酒盒改为红色主调。其度数分为53°、48°，容量分为500毫升、250毫升和125毫升三种。

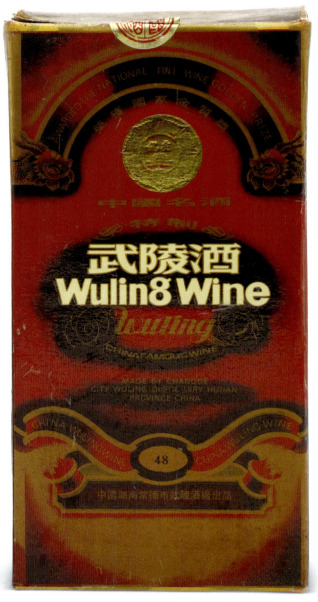

1994年 48%vol 第二代裤币武陵酒 500ml

武 陵 飘 香

武 陵 酒

武陵酒屬醬香型大麯酒。因常德古稱武陵而得名。1979年被評爲國家優質酒，1984年獲國家銀獎，1988年第五屆全國白酒評比會上榮獲國家金獎牌，係中國17大名酒之一。曾多次榮獲中國食品博覽會金獎，出口創匯產品金牌和國際博覽會金獎。武陵酒具有醬香濃郁、優雅細膩、醇甜甘冽、回味悠長的特點，色澤透明略帶微黃，爲各種高檔宴會之佳品。

WULING WINE

WULING WINE, named after the place of origin which was called Wuling Prefecture in history, is a hard liquor made with the best yeast sorghum. It has a sweet, aromatic, rich and satisfying flavour with a pleasant aftertaste, appearing very clean and translcent with its special light-yellow color. It is labelled as one of the 17 best wines in China used as an excellent wine at the top-grade banquets.

WULING WINE has widely enjoyed the gold medals awarded in China Foodstuff Fair, in the World Fair, and awarded as the foregn exchange-earning products in China. It also won the gold medal at the 8th National Liquor Competition in 1988, the national silver medal in 1984, and the title of the Good   Quality product in 1979.

Addr, Mid-Deshan Road, Changde City, Hunan.P.R.China
Tel:0736—313050,0736—312209
Cable:0736—2651   Fax:0736—313148

1994年武陵酒宣传资料之一

1994年武陵牌武陵酒（乳玻瓶）

规　　格 | 53%vol　500ml
厂　　名 | 湖南省常德市武陵酒厂
参考价格 | RMB　8,000

酒瓶采用大曲酱香型酒通用的圆柱体瓶型。用料均为乳白磨砂，颈身为四条圆轮，瓶身两条横筋，封口为红色扭断盖，礼品盒采用深红色为底色。正面《武陵》二字采用魏碑字体。左侧为酒瓶照片，背面为中英文对照产品文字说明及条形码，右侧为方毅题词《武陵飘香》。该系列有五十三度、四十八度、三十八度三个度数和500ml、250ml、125ml、50ml四种计量包装。

乳白瓶系列

1994年，《湖南日报》
"乳玻瓶系列"

产品特征：

　　酒瓶采用大曲酱香型酒通用的圆柱体瓶形，用料为乳白磨砂玻璃瓶，瓶盖为金属螺旋盖，背面为中英文对照产品文字说明及条形码。该系列有53°、48°、38°，有500毫升、250毫升、125毫升、50毫升四种计量包装。

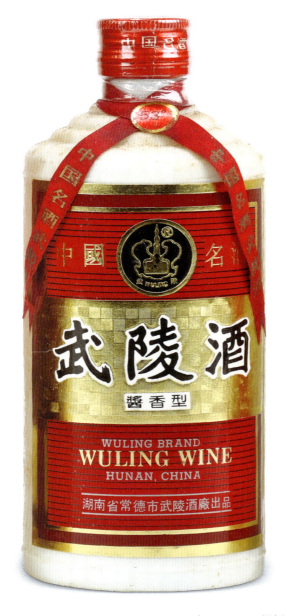

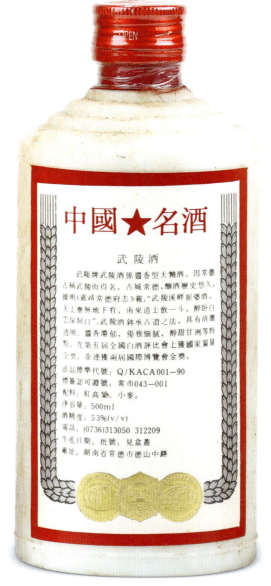

中國 ★ 名酒

武 陵 酒

武陵牌武陵酒係酱香型大麴酒。因常德古称武陵而得名。古城常德，酿酒历史悠久，据明《嘉靖常德府志》载："武陵溪畔崔婆酒，天上要无地下有，南来道士饮一斗，醉卧江深桐口"。武陵酒沿承古遗之法，具有清澈透明、酱香浓郁、优雅细腻、醇甜甘洌等特点，在第五届全国白酒评比会上获国家质量金奖，並连获两届国际博览会金奖。

产品标准代号：Q/KACA001—90
标签认可证号：常市043—001
配料：红高粱、小麦。
净容量：500ml
酒精度：53%(v/v)
电话：(0736)313050　312209
生产日期、批号：见盒盖
厂址：湖南省常德市德山中路

WULING BRAND
WULING WINE
HUNAN, CHINA

湖南省常德市武陵酒廠出品

1994年 53%vol 武陵牌乳玻瓶武陵酒 500ml

武 陵 飘 香

厂长：邹同盒

1994年武陵酒宣传资料之二

1994年武陵牌武陵酒（乳玻瓶）

规　　格 I 53%vol　250ml
厂　　名 I 湖南省常德市武陵酒厂
参考价格 I RMB　4,500

产品特征：

　　250毫升乳玻瓶武陵酒系乳玻瓶武陵酒中的精品，存量稀缺。此酒风格典型，色泽金黄，清澈透明，酱香突出，入口绵甜，柔和醇正，回味悠长，具有鲜明的酱香型大曲酒的特点。

1994年 53%vol 武陵牌乳玻瓶武陵酒 250ml

武 陵 飘 香

1994年武陵酒宣传资料之三

1995年裤币武陵酒（第二代）

规　　格 I 48%vol　1000ml

厂　　名 I 中国湖南常德市武陵酒厂

参考价格 I RMB　18,000

产品特征：

　　1000毫升裤币武陵酒，品质精良，外形包装设计古朴典雅，庄重大气，存世量极为稀少，为收藏精品。

1995年 48%vol 第二代裤币武陵酒 1000ml

武陵酒
WULING WINE

中國名酒、國際金獎武陵酒：

　　武陵酒因常德古稱武陵而得名，本酒屬醬香大曲，具有清澈透明、優雅細膩、醇甜甘冽、入口綿甜、飲不上頭、回味悠長的茅台風格被外國友人堪稱爲中國"姊妹花"、包裝古朴、典雅、莊重、吉祥深受國內外廣大消費者的偏愛。

International Gold Prize Winner China's Famous Wine "Wuling Wine".

"Wuling Wine", is a kind of Chinese DaQu Wine with a Jiang fragrance. Its name came from that of changde city which was called Wuling in the ancient times. It looks transparent, smells purely aromatic and tastes sweet and mellow, and the taste lasts for a long time. The packing of "Wuling Wine" is characteristic, quaint and luxurious, which presents a propitious omen. With all the above, it has gained the praise of "Mao Tai's sister Wine" from foreign friends. Foreign and domestic markets have a great partiality for it.

楊德志同志和人大代表暢飲武陵酒

Comrade Yang De Zhi, and the represent－atives are fond of drinking Wuling Wine.

常德釀酒工業集團公司
Changde wine－making
Industry Group Company

20世纪90年代武陵酒宣传资料

1995年裤币武陵酒（第二代）

规　　　格 | 53%vol　500ml
厂　　　名 | 中国湖南常德市武陵酒厂
参考价格 | RMB　16,000

1995年11月28日

产品特征：

　　瓶形沿袭之前裤币武陵酒的整体风格，对瓶盖进行了彻底改良，由原来的塑料盖改为进口软木塞盖，更有利于酒体储存。酒盒改为红色主调，首次使用条形码。酒体色泽金黄，具有酱香浓郁，幽雅细腻，醇甜甘冽，回味悠长，空杯留香持久等特点。

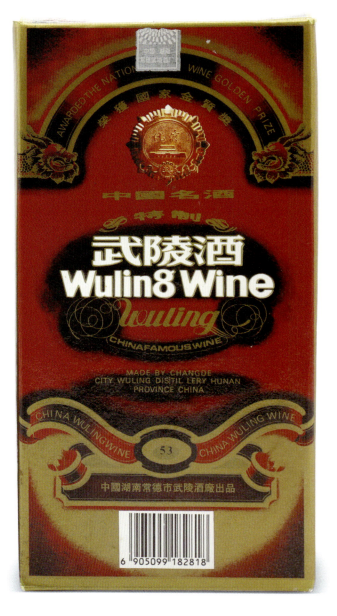

1995年 53%vol 第二代裤币武陵酒 500ml

1995年裤币武陵酒（第二代）

规　　格 | 48%vol　500ml
厂　　名 | 中国湖南常德市武陵酒厂
参考价格 | RMB　6,000

相关记事：

　　1995年，年产量350吨，销售额500万元。

　　1995～1996年，更名为常德市武陵酒厂。

　　1995年，在世界名牌消费品博览会上，被誉为"发财的酒"。

1995年 48%vol 第二代裤币武陵酒 500ml

1995年武陵王酒（第一代）

规　　　格 | 53%vol　500ml
厂　　　名 | 中国湖南常德市武陵酒厂
参考价格 | RMB　13,000

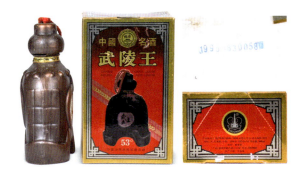

产品特征：

　　此款酒瓶采用翘盖陶瓶，瓶身仿黄铜镀层，瓶盖酷似古代武将头盔，稳重大气，颇具王者风范。其酒体采用二十年以上基酒精心调制而成，且限量生产。当年市场零售价高达358元。在1996年北京食品博览会上，被国家领导人盛赞为"张飞的帽子"。产品标准号分为Q/KACA005-1936和Q/KACA005-1996两种。

1995年53%vol 第一代武陵王酒 500ml

相关记事：

1995 年，长沙首次获批举办全国糖酒订货会的资格。厂长邹同益、副厂长张安伦和厂长助理粟勇聚在湖南宾馆商讨本次活动。当时酿酒集团公司破产，武陵酒厂背负巨额债务，全国酱酒业萧条，武陵酒该如何改变现状，可否力挽狂澜，重振武陵酒雄风。通过两天的讨论，最终决定以中华美酒、名家设计、文化传承、经典收藏的武陵王酒作为本次活动的卖点，以拍卖的形式举办，并且增加拍卖出的武陵王酒定期溢价回收的活动。

武陵王特别号拍卖共计 20 瓶，从 1 号到 9509 号（1～99 号，10 瓶；509-9509 号，10 瓶），基本起拍价为 2509 元；但 18 轮拍卖的 1 号酒中，起拍价定为 6509 元。

武陵王每年限量发售 1 万瓶，编号为 9500001～9510000，其中除特别号 20 瓶进行拍卖以外，普通号全部正常销售。特别号满五年后，本厂回收 30%，回收价格是当时拍卖的 5 倍。

最终本场拍卖活动在长沙小天鹅宾馆举办。这 20 瓶武陵王特别号，共计拍卖 34 万。

武陵王酒拍卖报价单

编号	酒 号	规格型号	单价（元）
01	2	500ml	2509
02	3	500ml	2509
03	4	500ml	2509
04	5	500ml	2509
05	6	500ml	2509
06	7	500ml	2509
07	8	500ml	2509
☆ 08	509	500ml	5509
09	9	500ml	2509
10	99	500ml	2509
11	1509	500ml	2509
12	2509	500ml	2509
13	3509	500ml	2509
14	4509	500ml	2509
15	5509	500ml	2509
16	6509	500ml	2509
17	7509	500ml	2509
☆ 18	1	500ml	6509
19	8509	500ml	2509
20	9509	500ml	2509

鼓励社会收藏"武陵王酒"的规定

武陵王酒，乃中国名酒武陵系列之精华。为加强名优白酒陈酿之科学研究，鼓励社会各界收藏，使研究标本来源更广泛，特作如下规定：

一、武陵王酒全年限出厂为 1 万瓶，每瓶酒的酒瓶、说明书、礼品盒均应编号，95 年首批出厂的编号为 9500001 至 9510000 止，以后年份出厂的编号只更换前两位数年号。

二、凡上述 9500001 至 9510000 的编号均属武陵王酒收藏的有效号。

三、在每年的一万个编号中，分别为"特别号"和"普通号"两种；

特别号共 20 瓶，编号分别为：
00001 至 00009，   00099，
      00509、01509、02509、03509、04509、
05509、06509、07509、08509、09509。

四、每年出厂的 20 瓶特号武陵王酒，一律委托拍卖公司面向社会公开拍卖。满五年后本厂回收 30%，回收价按拍卖成交价的 5 倍。回收编号的确定，在公证公开条件下摇号产生，并由公证部门予以公证。

五、特别号和普通号的回收编号确定后，由本厂与公证处联合在每年九月九日的报刊与电视台公布两次。

六、收藏者中号后，自公布之日起三个月内持收藏品（或邮寄）到本厂，办理收购手续（距常德市区 100 公里以上者本厂负责交通费）。

武陵王酒 20 个"特号"解说

武陵王酒，是湖南常德武陵酒厂为弘扬中华酒文化、深入系统研究优质陈年老酒变化规律，从珍藏 20 年之久的特级产品中优选出来的国家名酒之精华。每年生产量限 1 万瓶（只相当于中国大陆每一百万富翁购得一瓶）。根据武陵王酒设计生产管理纲要，每瓶酒在包装前均进行编号，编号的前两位数为"年率号"。后五位数为产品顺序号（如编号为 9500001 号的，即表示为 95 年第一瓶产品）。考虑防伪需要，每个编号的武陵王酒，均有防伪技术档案备查。

根据武陵王酒设计纲要，在生产 1 万个编号的武陵王酒中，一位数的 1 至 9 号，两位数的 99 号，三位数的 509 号，四位数的 1509、2509、3509、4509、5509、6509、7509、8509、9509 号共 20 瓶，作为每年的"特号"产品出厂，并向社会公开拍卖。

1995 年 9 月，是武陵王酒第一批第一个年度生产出厂，收藏意义深远，价值连城。特号的沿革介绍如下：

一、"9500001"号武陵王酒

"95"为 1995 年号简称（下同），也是武陵王酒首批生产年号。"00001"号为首批生产包装的第一瓶酒。也是用江泽民主席亲手拿着，称赞似张飞"帽子"的酒瓶包装。1995 年 3 月，国家主席江泽民来湘视察农业。在

1995年极品武陵王酒（第一代）

规　　格 | 48%vol　660ml

厂　　名 | 中国湖南常德市武陵酒厂

参考价格 | RMB　22,000

相关记事：

　　1995 年，武陵酒厂用窖藏二十年以上的基酒调制了一款极品武陵王酒。每瓶酒皆带独立收藏编号和厂长邹同益印章，年产仅 1 万瓶，为武陵酒厂最高端的产品之一。

1995年 48%vol 第一代极品武陵王酒 660ml

1995年武陵王酒（第一代）

规　　格 I 48%vol　500ml
厂　　名 I 中国湖南常德市武陵酒厂
参考价格 I RMB　6,000

产品特征：

　　此酒规格为 48°500 毫升，木塞陶瓶，酒瓶造型酷似武将的头盔。此酒堪称武陵酒顶峰之作，酒盒侧面烫金标注为"武陵极品"。采用二十年以上基酒精心调制而成，酒质极佳，限量生产。当年市场零售价高达 258 元。

1995年 48%vol 第一代武陵王酒 500ml

1995年武陵牌武陵酒（乳玻瓶）

规　　格 I 53%vol 48%vol 38%vol　500ml
厂　　名 I 湖南省常德市武陵酒厂
参考价格 I RMB　8,000　4,000

53%vol　　48%vol

产品特征：

　　酒瓶采用大曲酱香型酒通用的圆柱体瓶形，用料均为乳白磨砂玻璃瓶，瓶盖为金属螺旋盖，升级为刺绣飘带，背面为中英文对照产品文字说明及条形码。该系列有53°、48°、38°三种，以及500毫升、250毫升、125毫升、50毫升四种计量包装。

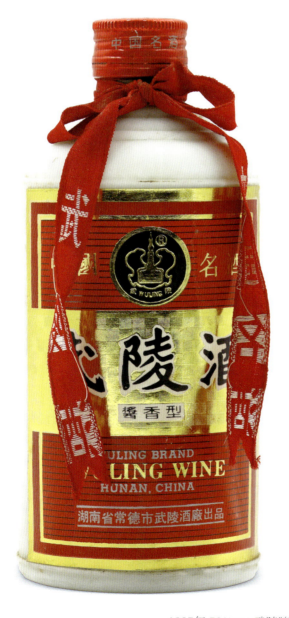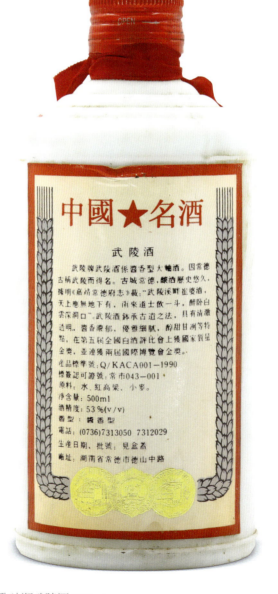

1995年53%vol武陵牌乳玻瓶武陵酒500ml

1995年 53％vol 武陵牌乳玻瓶武陵酒 250ml

1995年 38％vol 武陵牌乳玻瓶武陵酒 500ml

1995年武陵牌武陵酒（金质奖章玻璃瓶）

规　　格 | 38%vol　500ml
厂　　名 | 湖南省常德市武陵酒厂
参考价格 | RMB　1,800

产品特征：

　　沿袭传统萝卜瓶形，酒盒采用白底烫金包装，度数分为53°、38°。严格遵循新酒经三年以上储存，勾兑再融合三天后入瓶储存，瓶储一年以上方可上市。酒体色泽金黄，酱香突出，焦香舒适，柔和醇正，回味悠长，具备典型的酱香型大曲酒的特点。

1995年 38%vol 武陵牌金质奖章玻璃瓶武陵酒 500ml

1996年武陵牌武陵酒（金质奖章玻璃瓶）

规　　格 | 53%vol　500ml
厂　　名 | 湖南省常德市武陵酒厂
参考价格 | RMB　12,000

产品特征：

　　度数有53°、38°两种，酒质优异，酒体颜色陈放年久，酱香黄汤尤其诱人。
尤其此款53°产品备受收藏爱好者青睐。

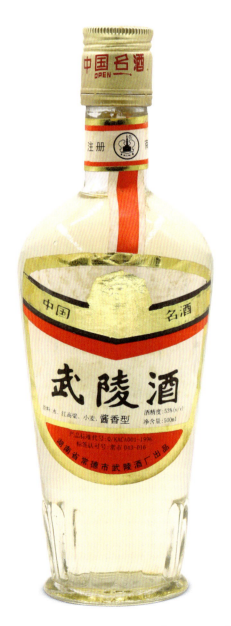

1996年53%vol 武陵牌金质奖章玻璃瓶武陵酒 500ml

1996年武陵王酒（第一代）

规　　格 I 53%vol　500ml
厂　　名 I 中国湖南常德武陵酒厂
参考价格 I RMB　12,000

相关记事：

1996 年，销售额 200 万元。

1996 ～ 1998 年，更名为湖南武陵酒业有限公司。

产品特征：

1996 年 53°武陵王为市场主流品种，也是武陵王代表之作。酒体醇厚幽雅，酱香浓郁，焦香舒适，柔和爽冽，回味悠长。备受武陵酒爱好者的青睐。

1996年 53%vol 第一代武陵王酒 500ml

1996年武陵王酒（第一代）

规　　格 | 48%vol　500ml
厂　　名 | 中国湖南常德武陵酒业有限公司
参考价格 | RMB　6,000

1997年武陵王酒
厂长吴信群印收藏证书，编号9701056

武陵酒进京

　　由湖南省常德武陵厂生产的武陵酒之极品"武陵王"，其酒质从特等产品中精选，精选比例仅为千分之五。并经特殊贮存二十年才出厂，全年只产1万瓶，每瓶均编号入档。其瓶型似古代将军头盔，意为酒中首领。书法界人士品评后，评价为"武陵酒酒中王"。1995年3月江主席来湘视察，品尝后连称"好酒，好酒"。目前，此酒由市糖业烟酒各分公司经销，并在节日前夕摆上了京城各大商场。　　　　（青）

1996年《北京市场报》刊登消息《武陵王进京》

1996年 48%vol 第一代武陵王酒 500ml

1996年裤币武陵酒（第二代）

规　　格 | 48%vol　500ml
厂　　名 | 中国湖南常德市武陵酒厂
参考价格 | RMB　3,800

产品特征：

　　瓶形沿袭之前裤币武陵酒的整体风格，对瓶盖进行了改良，由原来的塑料盖改为进口软木塞盖，更有利于酒体储存，酒盒改为红色主调。48°裤币武陵酒口感更柔顺，酒体具有色泽金黄，酱香浓郁，幽雅细腻，柔和爽冽，回味悠长，空杯留香持久等特点。

1996年 48%vol 第二代裤币武陵酒 500ml

1996年武陵牌武陵酒（乳玻瓶）

规　　格 I 53%vol　500ml
厂　　名 I 湖南省常德市武陵酒厂
参考价格 I RMB　7,500

生产日期：1996年9月23日

产品特征：

　　1996年乳玻瓶武陵酒包装开始升级，瓶身取消了之前的背标和颈部红飘带。其酒盒高度加高，并采用更为高雅的棕红色；酒盒内增加泡沫底座，更便于酒的运输。

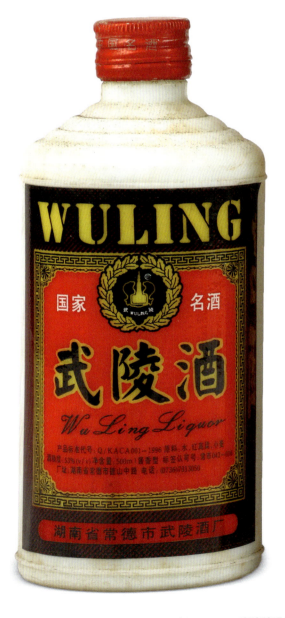

1996年53%vol 武陵牌乳玻瓶武陵酒 500ml

1997年九龙归武陵酒（迎接香港回归特制）

规　　格 I 高度　500ml
厂　　名 I 中国常德武陵酒厂
参考价格 I RMB　4,500

产品特征：

　　此款酒系迎接 1997 年香港回归限量特制版，以优质高粱、小麦、糯米为原料，精心酿制而成，具有色泽金黄，入口绵柔，诸香谐调，甘甜爽净，酒性平和等特点。

1997年 高度 九龙归迎接香港回归特制武陵酒 500ml

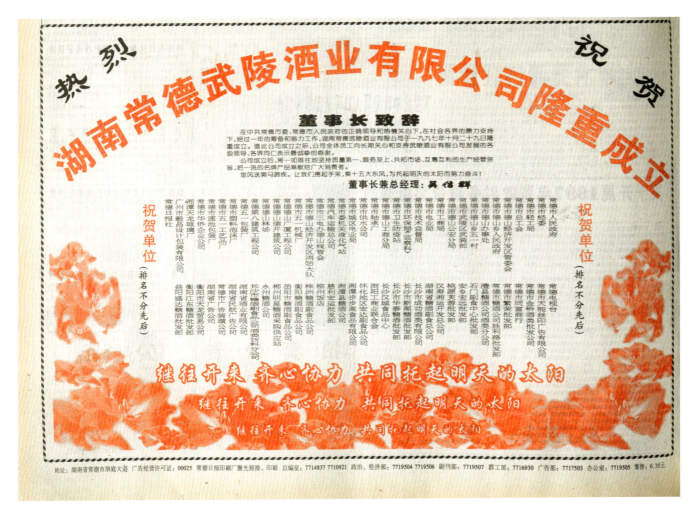

1997年10月29日《常德日报》"武陵酒成立"

相关记事：

1997 年，销售额 100 万元以内。

1997 年，武陵酒被中国名牌产品工作委员会认定为中国名牌产品。"武陵"被湖南省工商局认定为湖南省著名商标。

是年，武陵大曲获中国名牌产品称号和 1997 中国（HN）新技术新产品博览会科技创新金奖。

20世纪90年代武陵酒厂

1997年武陵牌武陵酒（骄子）

规　　格 | 48%vol　125ml
厂　　名 | 中国湖南常德市武陵酒厂
参考价格 | RMB　1,500

1996年 48%vol 武陵酒 500ml
中国湖南常德武陵酒厂

产品特征：

　　在我国悠久的货币史中，诞生出丰富的钱币类型，其中有一种货币被称为币中"骄子"，即宋代钱币。骄子武陵酒系参照宋代钱币形状为瓶形，寓意"天圆地方，内敛乾坤"。此酒具有清澈透明，酱香浓郁，幽雅细腻，醇甜爽冽等特点。在 20 世纪 90 年代中后期均有生产骄子武陵酒，其瓶形沿袭之前整体风格，容量不变。但其度数由之前 53°改为 48°，酒盒改为红色主调。

1997年 48%vol 武陵牌骄子武陵酒 125ml

1998年极品武陵王酒（第二代）

规　　格丨48%vol　660ml
厂　　名丨湖南省常德市武陵酒厂
参考价格丨RMB　18,000

相关记事:

1998 年，销售额 1900 万元。

12 月，"武陵王"酒被湖南省名牌委员会授予"湖南名牌"称号。

1998 ～ 2004 年，更名为湖南湘泉集团武陵酒业有限公司。

1998年 48%vol 第二代极品武陵王酒 660ml

1998年武陵牌武陵酒（乳玻瓶）

规　　格 I 53%vol　500ml
厂　　名 I 湖南省常德市武陵酒厂
参考价格 I RMB　7,000

相关记事：

　　1998年4月，经常德市人民政府批准，湖南湘泉集团有限公司出资购买湖南武陵酒业有限公司51%股份，实行合股经营，企业随之更名为湘泉集团武陵酒业有限公司。

　　是年，企业拥有员工共769人，其中在职工程技术人员107人，固定资产原值7068.13万元，净值5211.98万元。

1998年 53%vol 武陵牌乳玻瓶武陵酒 500ml

118

1998年武陵牌武陵酒（鱼尾形）

规　　格 I 53%vol　500ml
厂　　名 I 湖南常德武陵酒业有限公司
参考价格 I RMB　4,800

产品特征：

　　酒瓶和酒标设计独具风格，瓶形设计形似鱼尾，业内称之为"鱼尾武陵酒"。其酒生产周期非常短，只有在1998年中的几个月时间生产，故存世较少。其酒质整体延续了武陵酒传统风格，是一款不错的武陵老酒。

1998年 53%vol 武陵牌鱼尾形武陵酒 500ml

第五章
1999～2006年

探索阶段　曲折发展

1999年极品武陵王酒（第二代）

规　　格 I 48%vol　660ml

厂　　名 I 湖南湘泉集团武陵酒业有限公司

参考价格 I RMB　16,000

相关记事：

　　1999年，年产量620吨，销售额1200万元。

产品特征：

　　瓶形沿袭了"张飞的帽子"武将头盔的设计理念，木塞陶瓶。每瓶酒皆带独立收藏编号及时任总经理吴信群亲印，厂名变更为湖南湘泉集团武陵酒业有限公司。

1999年 48%vol 第二代极品武陵王酒 660ml

1999年武陵王酒（第二代）

规　　格 I 48%vol　500ml
厂　　名 I 湖南湘泉集团武陵酒业有限公司
参考价格 I RMB　7,000

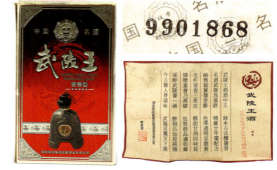

编号：9901868

产品特征：

　　证书内容：武陵王酒酒中王，钵承古法酿酱香。名酒武陵为基酒，精藏廿年独配方。幽雅细腻酱香郁，色泽透明呈微黄。空杯留香三夜在，醇甜甘冽回味长。馈赠宴会乃高档，包装酒品适收藏。溪畔武陵尝一滴，醉倒吕仙是纯阳。今古骚人齐颂咏，武陵流霞天下扬。

1999年 48%vol 第二代武陵王酒 500ml

2000年武陵王酒（第二代）

规　　格 I 48%vol　500ml
厂　　名 I 湖南湘泉集团武陵酒业有限公司
参考价格 I RMB　7,000

相关记事：

　　2000 年后期，湘泉集团武陵酒业变更为常德武陵酒业有限公司。

　　2001 年，武陵酒获"湖南省名牌产品"称号。

2000年 48%vol 第二代武陵王酒 500ml

2003年极品武陵王酒（第三代）

规　　格 ┃ 48%vol　660ml
厂　　名 ┃ 中国湖南武陵酒有限公司
参考价格 ┃ RMB　15,000

相关记事：

　　2004年，武陵酒荣获省行业"优质产品"称号。

　　是年，泸州老窖携手武陵酒业，正式成立湖南武陵酒有限公司，共同发展和打造"武陵"湖南省唯一的"中国名酒"金字品牌。

产品特征：

　　此款酒附带有《企业名称变更说明书》，标注企业名称由"湘泉集团武陵酒业"变更为"常德武陵酒业有限公司"。

2003年 48%vol 第三代极品武陵王酒 660ml

2005年武陵王酒（第三代）

规　　格 I 48%vol　500ml
厂　　名 I 中国湖南武陵酒有限公司
参考价格 I RMB　6,000

相关记事：

　　2005年，湖南湘泉集团武陵酒业有限公司更名为湖南武陵酒有限公司。

　　是年，武陵酒厂被泸州老窖股份有限公司介入控股。

产品特征：

　　此款酒外包装以黄色为主色调，结合透明亚克力包装，稳重大气，更具王者风范。由中国泸州老窖股份有限公司监制，当年售价598元。存世稀少，为收藏精品。

2005年 48%vol 第三代武陵王酒 500ml

芙蓉國裡武陵香

陵香

丙寅冬 舒同

千秋澄碧湘江水

巧釀香醪歸武陵

湖南武陵酒會慶戰

戊辰仲春上浣 溥杰

芙蓉国里武陵香　舒同书

千秋澄碧湘江水　巧酿香醪归武陵　溥杰书

2005年武陵牌武陵酒（武陵飘香）

规　　格 | 53%vol　500ml
厂　　名 | 中国湖南武陵酒有限公司
参考价格 | RMB　3,800

产品特征：

　　此款酒沿袭传统萝卜瓶形，对其酒标、瓶盖、酒盒进行了全面升级，以红色与金色为基调，更显高贵典雅，端庄大气，是当时常德市政府接待用酒。酒体色泽金黄，酱香突出，焦香舒适，柔和醇正，回味悠长，具备典型的酱香型大曲酒的特点。

2005年 53%vol 武陵牌武陵飘香武陵酒 500ml

2006年武陵牌武陵酒（武陵飘香）

规　　格 l 53%vol　500ml
厂　　名 l 中国湖南武陵酒有限公司
参考价格 l RMB　3,200

产品特征：

　　此款酒沿袭传统萝卜瓶形，对其酒标、瓶盖、酒盒进行了全面升级，酒盒采用白底烫金包装。酒体色泽金黄，酱香突出，焦香舒适，柔和醇正，回味悠长，具备典型的酱香型大曲酒的特点。

2006年 53%vol 武陵牌武陵飘香武陵酒 500ml

2006年武陵牌武陵酒（常德诗墙文化版）

规　　格 I 53%vol　500ml
厂　　名 I 中国湖南武陵酒有限公司
参考价格 I RMB　4,800

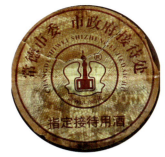

产品特征：

　　此款酒为结合常德地方特色文化的限量版接待用酒。酒盒采用更为直观的亚克力透明包装，瓶身以常德诗墙为主元素，仿黄铜镀层，外观古朴，庄重大气。目前存量稀少，值得品藏。

2006年 53%vol 武陵牌常德诗墙文化版武陵酒 500ml

2006年武陵牌武陵王（第四代）

规　　格｜48%vol　500ml
厂　　名｜中国湖南武陵酒有限公司
参考价格｜RMB　5,000

产品特征：

　　此款酒对传统包装进行全新升级，外包装两侧分别有舒同题词"芙蓉国里武陵香"
和书法家溥杰题词"千秋澄碧湘江水，巧酿佳醪号武陵"。存世稀少。

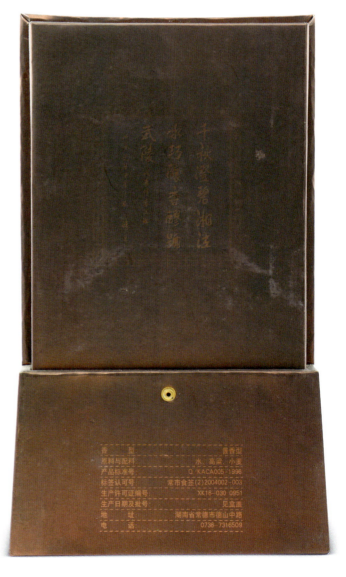

2006年 48%vol 第四代武陵牌武陵王（舒同、溥杰题词） 500ml

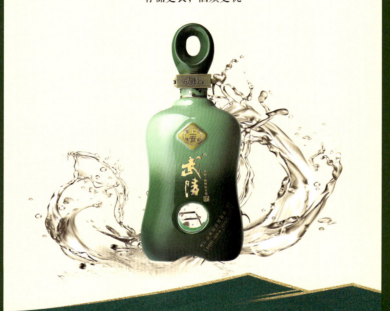

第六章
2007年至今

复兴壮大　品质传承

2007年少酱武陵酒（第一代）

规　　格 | 53%vol　500ml
厂　　名 | 中国湖南武陵酒有限公司
参考价格 | RMB　2,400

产品特征：

　　自古以来，潇湘大地将帅雄才层出不穷。武陵人酿酒秉承的是"敢为天下先"的创新精神，他们勇于打破传统，挑战权威，"将"与"酱"谐音。自 2007 年始，武陵人成功地开发出"武陵三酱"系列，它代表了湖南人特有的气质，也散发出湖南高端酱酒独特的魅力。

　　2007 年，少酱武陵酒隆重面世。此款酒酱香明显，口味醇甜、绵柔，回味悠长，空杯留香持久。天地盒的包装设计，寓意着"天人合一"，共享佳酿。

2007年9月～2011年10月

2007年 53%vol 第一代少酱武陵酒 500ml

相关记事：

2007年9月9日，全新武陵酒系列——少酱中国红、中酱景泰蓝、上酱祖母绿相继上市，打造出全新的"武陵三酱"，树立起了武陵酒"名酒回归"新时代的全新主导产品和品牌形象，在高端白酒市场上掀起了一股"幽雅风"，中国酱香白酒新方向的形象日益凸显。与此同时，为了配合和推动武陵酒加速市场回归，武陵酒厂投入巨资加快推进"武陵酒生态基地"建设，即2012年武陵酒厂将具备万吨酱香型白酒生产能力，而其后续产能还将持续加速释放，未来几年，武陵酒日益壮大的产能体量将成为支撑其回归全国一线品牌之林的强大后盾。

是年，53°酱香型武陵酒通过中国名酒质量的复查，保持了中国名酒（国家质量金质奖）的质量水平。

2007年以来，武陵酒业投入8000多万元进行技术改造和升级，先后建立起5000吨武陵酒储酒罐区和2700吨地窖储存区，以及两条现代化灌装生产线。同时，建立了中国武陵酒文化博物馆。

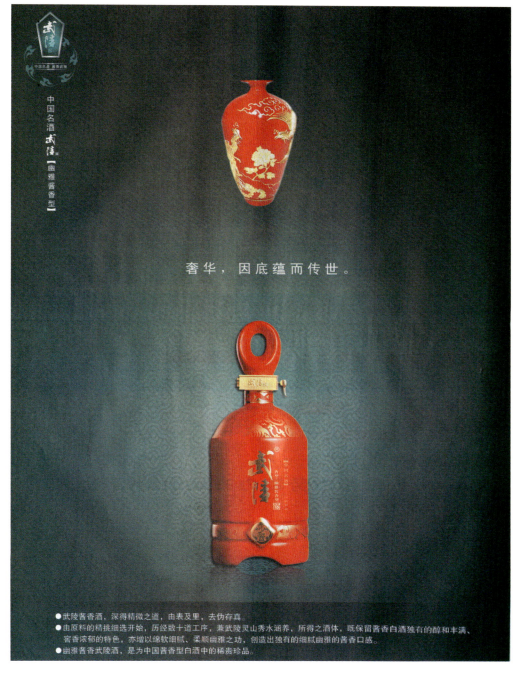

2007年10月30日《常德日报》刊登的武陵酒广告

135

少酱产品集锦

53%vol 第一代少酱武陵酒 500ml   53%vol 第四代少酱武陵酒 500ml

2007～2009年 53%vol 第一代少酱武陵酒 500ml

2009～2019年 53%vol 第二代水晶盒少酱武陵酒 500ml
第二代武陵少酱延续第一代的天地盒设计，采取高密度水晶
亚克力材质，破坏性开启更防伪。

2020～2021年 53%vol 第三代书本盒少酱武陵酒 500ml
历经十余年之久，少酱以"中国红"的瓶身彰显吉祥如意，
喜庆洋洋，红红火火。一度成为中端宴席用酒首选。

2022年至今 53%vol 第四代书本盒少酱武陵酒 500ml
"三酱系列"作为武陵酒家族的"定海神针"，深受广大消费者的
喜爱和认可。该系列酒首次统一了武陵酒的品牌形象，打造
成为常德名片、湖南精品。力争中国最有时代价值的产品。

2009～2010年 53%vol 武陵少酱礼盒特别款 750ml
此款酒存世时间短，产量少，仅生产三个批次，批次尾号都为"1126"。是商务馈赠、亲友聚饮为之首选。

2008年中酱武陵酒（第一代）

规　　格 I 53%vol　500ml

厂　　名 I 中国湖南武陵酒有限公司

参考价格 I RMB　3,500

产品特征：

　　自古以来，潇湘大地将帅雄才层出不穷。武陵人酿酒秉承的是"敢为天下先"的创新精神，他们勇于打破传统，挑战权威，"将"与"酱"谐音。武陵人成功地开发出"武陵三酱"系列，它代表了湖南人特有的气质，也散发出湖南高端酱酒独特的魅力。

　　2008年，中酱武陵酒隆重面世。此款酒酱香明显，口味醇甜、绵柔，回味悠长，空杯留香持久。天地盒的包装设计，寓意着"天人合一"，共享佳酿。

2008年 53%vol 第一代中酱武陵酒 500ml

相关记事：

2008年7月初，在湖南省酒类产品质量评选会上，湖南武陵酒有限公司有4款产品入选"2008年度湖南省酿酒行业优质产品"，分别是武陵少酱中国红、武陵中酱景泰蓝、武陵上酱祖母绿和52°浓香型洞庭春色。

9月7日，"中国名酒酱香武陵2008株洲市中秋品鉴会暨产品上市会"在株洲华天大酒店举行。包装精美、口感甘醇、酒香绵长的中国名酒酱香武陵得到了200多名与会客户的交口称赞。

9月9日，"酱香型武陵酒启航仪式暨泸州老窖股份有限公司销售公司华中分公司揭牌仪式"在湖南省常德市隆重举行。

11月24日，中国名酒——"酱香型武陵酒经销商联盟成立大会暨特约经销商授牌仪式"在张家界市慈利县江娅温泉大酒店隆重举行。

12月3日，金健米业公司将所持湖南武陵酒有限公司20%的股权转让给湖南武陵商贸有限公司。

12月12～16日，中国食品博览会在湖北武汉国际会展中心隆重举行。武陵酒作为常德市重点品牌，在常德市政府的统一组织下参加了此次博览会。

是年，武陵酒荣获"2008年度湖南省酿酒行业优质产品"称号。

2007年11月6日《常德日报》刊登的武陵酒广告

中酱产品集锦

53%vol 第一代中酱武陵酒 500ml   53%vol 第四代中酱武陵酒 500ml

2008年 53%vol 第一代中酱武陵酒 500ml

2009～2019年 53%vol 第二代中酱武陵酒 500ml
延续天地盒设计，采取高密度水晶亚克力材质，
产品低调而不奢华，整体浑然天成。

2009～2010年 53%vol 武陵中酱礼盒特别款 750ml
存世时间短，产量少。商务馈赠、政务招待为之首选。

2020～2021年 53%vol 第三代书本盒中酱武陵酒 500ml
历经十余年之久，中酱以景泰蓝"的瓶身彰显中酱卓然淡定、
砥柱中流的风范。一度成为商务精英人士用酒首选。

2022年至今 53%vol 第四代书本盒中酱武陵酒 500ml
"三酱系列"作为武陵酒家族的"定海神针"，深受广大消费
者的喜爱和认可。该系列酒首次统一了武陵酒的品牌形象，打
造成为常德名片、湖南精品。力争中国最有时代价值的产品。

2009年上酱武陵酒（第一代）

规　　格丨53%vol　500ml

厂　　名丨湖南武陵酒有限公司

参考价格丨RMB　16,800

2009～2012年53%vol
第一代武陵上酱500ml

产品特征：

　　自古以来，潇湘大地将帅雄才层出不穷。武陵人酿酒秉承的是"敢为天下先"的创新精神，他们勇于打破传统，大胆创新，"将"与"酱"谐音。武陵人成功地开发出"武陵三酱"系列，它代表了湖南人特有的气质，也散发出湖南高端酱酒独特的魅力。

　　2009年，上酱武陵酒隆重面世，成为武陵酒厂主流高端产品。其特点为酱香突出，幽雅细腻，酒体醇厚、丰满，回味悠长，空杯留香持久。

　　第一代上酱以"将帅为令，祥云作美"为主基调，象征"一统三军，傲视群雄"之意。

2010年53%vol 第一代上酱武陵酒 500ml

武陵酒有限公司

南國第一醬

国家级白酒专家鉴评结论

53°武陵少酱酒：
　颜色微黄，清亮透明，酱香幽雅，味醇甜，酒体较丰满，后味悠长，空杯留香较好，酱香型白酒风格典型。

53°武陵中酱酒：
　颜色微黄，清亮透明，酱香幽雅、细腻，味醇甜，酒体较丰满，后味悠长，空杯留香较好，酱香型白酒风格典型。

53°武陵上酱酒：
　颜色微黄，清亮透明，酱香幽雅、细腻，味醇甜，酒体较丰满，诸味协调，后味悠长，空杯留香较好，酱香型白酒风格典型。

专家签名：

专家组(沈怡方、高月明)、赵建华、沈才洪、鲍沛生、白希智、栗永清、(庄名杨)、徐占成、杨大金、张宿义等到武陵酒厂参观酒博馆，题词"南国第一酱"。

国家级白酒专家鉴评53° 武陵酒结论

2023年53%vol上酱武陵酒酒版礼盒80ml×4+150ml

武陵上酱核心景观，是游客必经打卡胜地

上酱产品集锦

2010年 53%vol 武陵牌上酱武陵酒 500ml

2009～2012年 53%vol 第一代上酱武陵酒 500ml

2013～2019年 53%vol 第二代上酱武陵酒 500ml
上酱"祖母绿"精湛工艺饱含着汉唐风华，祖母绿轩昂的外表下也蕴涵着自然、洒脱，十分契合上酱那幽雅的口感。

2013～2018年 53%vol 上酱30武陵酒 500ml
上酱礼盒装，将上酱的精神属性诠释得淋漓尽致，犹如将军抬头，挺胸、收腹、胯腰、沙场点兵，尽显精气神。

2020年至今 53%vol 上酱武陵酒 500ml
上酱"双洞齐开"，著有天门奇洞，洞察万物，道法自然，宛若将军肚里有乾坤、有容量、有气量。

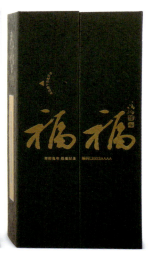

2009年 53%vol 上酱武陵酒 3L

2023年 53%vol 癸卯兔年限量纪念上酱武陵酒 500ml×2
上酱首发，春节福字版对酒，并邀请湖南省书法协会主席参与设计并题词，寓意幸福美好的生活由此开启。

名酒回归 千年武陵重新启航

回归传奇

翻开21世纪的扉页，中国白酒行业也开始悄然步入了名酒回归的新时代。

经过上世纪90年代的集体沉寂，全国名酒品牌从21世纪初期开始表现出了强劲的回归势头，在过去十年间，白酒行业增长的主力是全国名酒品牌，而名酒回归的动力来自于白酒消费升级，白酒消费开始明显地向名酒品牌集中。过去十年是一个白酒消费逐渐回归理性、回归品牌化的时代，伴随着我国经济高速发展和消费水平的不断提升以及消费意识日趋理性，名酒品牌的产品价值开始在消费者心中被唤醒。这是一个名酒的时代，是一场名酒的集体盛宴。

在历经沉浮，尘封数载之后，武陵酒这块"金字招牌"身上厚厚的尘土终于被人拭去，而武陵的品牌光芒依然夺目。2003年，酱香型白酒的巨大市场潜力日趋显现，鉴于此，泸州老窖开始以资本形式介入武陵酒业。此时，武陵酒揭开了"蜕变"的序幕。历经三年韬光养晦，2007年9月9日酱香武陵酒终于"脱胎换骨"，打造出了全新的"武陵三酱"，树立起了武陵酒"名酒回归"新时代的全新主导产品和品牌形象，品牌回归的大旗迎风招展。与此同时，为了配合和推动武陵酒加速市场回归，武陵酒厂投入巨资加快"武陵酒生态基地"建设，2012年武陵酒厂将具备万吨酱香型白酒生产能力，而其后续产能还将持续加速释放，未来几年，武陵酒日益壮大的产能体量将成为支撑其回归全国一线品牌之林的强大后盾。

千年武陵的重新"启航"在湖南省产业发展规划中的战略地位尤为突出，在湖南省产业发展规划中明确提出了"白酒兴省"计划纲要，而这一纲要正是以武陵酒为核心进行编制的。由此可见，武陵的回归是"得道多助"，是大势所趋。

武陵三酱

武陵酒业万亩酱酒生态园

老酒更多 酱香突出
—— 武陵酒·中酱 ——

酱香优雅 美好享受
—— 武陵酒·上酱 ——

酒体纯净柔和 酱香典型
—— 武陵酒·少酱 ——

酱味更浓,陈香突出

悉心调配

酒体纯净柔和
初入酱酒殿堂新酒客福音
LUXURY EMERALDS

9年以上原浆酒调制而成
7轮取酒.只选用2-6轮次优质原浆酒

15年以上原浆酒调制而成
当年3.4.5轮次优级原浆酒
存储更长.酒质更优

6年以上原浆酒调制而成
7轮取酒.只选用2-6轮次优质原浆酒

主流政商务宴请优选
APPLICATION SCENARIO

为成就卓越人士呈现
APPLICATION SCENARIO

高端宴席优选
APPLICATION SCENARIO

低调奢华景泰蓝
CLOISONNE

低调奢华祖母绿
LUXURY EMERALDS

英姿勃发中国红
CLOISONNE

武陵酒系列宣传资料

2009年武陵牌元帅武陵酒（第一代）

规　　格 | 53%vol　500ml
厂　　名 | 湖南武陵酒有限公司
参考价格 | RMB　26,800

产品特征：

　　此款酒为武陵元帅私藏酒，以恒温恒湿地下酒窖储存二十年以上，酒体均匀老熟，酒香日渐浓郁的原酒为基酒，经中国酿酒大师沈才洪先生悉心指导，由"武陵酒之父"鲍沛生携国家一级品酒师王贵军、陈家好、张福艳，三人精心勾调，联名力荐。瓶身由陶瓷工艺大师手绘楚汉文化中尽显富贵之意的祖母绿祥云，尽显东方魅力。限量发售，全球每年100坛。

2009年 53%vol 第一代武陵牌元帅武陵酒 500ml

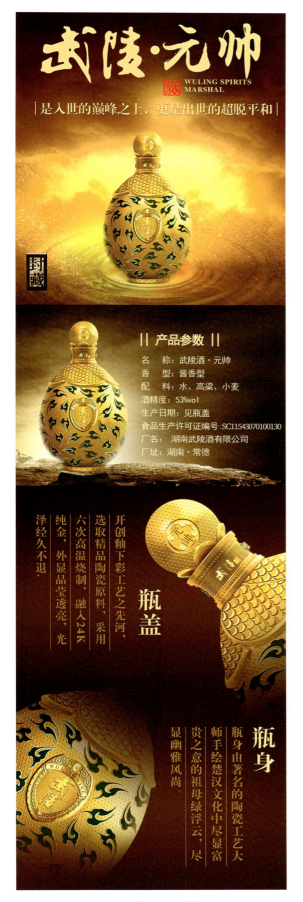

元帅武陵酒宣传资料

收藏证书内容如下：

中国名酒武陵元帅酒

唯经岁月恒久历练，方能光芒尽情绽放。世间极致需秉性相投之士分享，恰如武陵元帅私藏酒，全球每年限量100坛，与懂得品味生活的鉴赏家心心相印，更是为独具慧眼、领悟非凡的您潜心酝酿而出的玉液琼浆。稀世珍品，仅为有缘人尊享。礼赞酿酒大师的艺术瑰宝美酒是有灵魂的。武陵元帅私藏酒，每一滴凝聚着酿酒师智慧的结晶。甄选1988年原窖珍藏酱酒，以恒温恒湿地下酒窖储存二十年以上，酒体均匀老熟，酒香日渐浓郁的原酒为基酒，经中国酿酒大师沈才洪先生悉心指导，由中国一级品酒师张洪远先生精心勾调，这才有资格享受鉴赏师的礼赞。中国白酒界数十位国家级专家品鉴之余联名题词"南国第一酱"，实为液体黄金。

来自陶艺大师的匠心巨作

每一次的磨砺只为更接近完美。武陵元帅私藏酒，开创釉下彩工艺之先河，选取精品陶瓷原料，采用六次高温烧制，融入千足金手绘瓶形，外显晶莹透亮，光泽经久不退，瓶身由著名的陶瓷工艺大师手绘楚汉文化中尽显富贵之意的祖母绿浮云，尽显幽雅风尚，瓶体前后分别镶嵌寓意领袖身份的将军令牌及元帅汉字，大气磅礴，耀眼于世。武陵元帅私藏酒，引领超高端白酒走向定制私藏之路。

只为尊贵名士·非凡缔造

武陵元帅酒

收藏证书编号：00519880112069

国家级品酒师：陈家好

收藏证书

2010年武陵牌武陵酒（元帅）

规　　格 | 53%vol　3L
厂　　名 | 湖南武陵酒有限公司
参考价格 | RMB　88,000

相关记事：

　　2010年5月，怀着"一将一山河"的豪情，武陵酒作为湘酒代表入驻上海世博会，以武陵元帅酒为新起点，酱酒"将帅"系列的文化提炼与延伸战略大局初定。"吾道南来"，酱香武陵传承了千年酒道；"大江东去"，武陵"元帅"将担当起更大的重任。

2010年 53%vol 武陵牌元帅武陵酒 3L

向袁隆平院士赠送武陵酒

收藏证书

酒具

细节图

2009年武陵牌武陵酒（1988）

规　　格丨53%vol　500ml
厂　　名丨湖南武陵酒有限公司
参考价格丨RMB　2,800

产品特征：

　　为纪念1988年武陵酒在全国第五届白酒评比会上荣获国家金质奖这一重要时刻，特此研发"1988"。设计灵感来源于宋代官窑酒瓶之创意，以淡雅绿色为主体，搭衬烫金武陵品牌标识，尽显尊贵优雅之风范。

　　幽雅酱香，口味醇厚而细腻。

2009年53%vol武陵牌优质奖章幽雅酱香型1988武陵酒 500ml

2009年武陵牌武陵酒（金质奖章乳玻瓶）

规　　格 I 53%vol　500ml
厂　　名 I 湖南武陵酒有限公司
参考价格 I RMB　2,200

相关记事：

2009年4月9日，"中国名酒武陵酒第八届湖南十大杰出经济人物评选"新闻发布会在长沙蓉园宾馆隆重举行。

7月29日，中国名酒·酱香型武陵酒防伪水晶装品牌鉴赏会——"畅享幽雅，冰爽武陵"，在常德共和大酒店国际会议中心共和厅正式拉开帷幕。

8月，为了表达对袁隆平院士八十大寿的祝福和对这位给予了世界重大贡献的功臣的敬仰，泸州老窖和武陵酒共同向袁隆平院士赠送了"武陵上酱"与"珍藏版至尊国窖1573"。

8月27日，在"中国诗词之乡"——常德市汉寿县人民政府的大力支持下，"中国名酒·酱香型武陵酒防伪水晶装品牌鉴赏会"在汉寿县龙阳大酒店隆重举行。

2009年 53%vol 武陵牌金质奖章乳玻瓶武陵酒 500ml

2009年武陵牌武陵酒（武陵飘香1988）

规　　格 I 53%vol　500ml
厂　　名 I 湖南武陵酒有限公司
参考价格 I RMB　1,200

相关记事：

　　2009年10月16～17日，中国酿酒工业协会白酒分会技术委员会（扩大）会议在湖南常德召开。

　　10月16日，专家组（沈怡方、高月明）、赵建华、沈才洪、鲍沛生、白希智、栗永清、（庄名杨）、徐占成、杨大金、张宿义等到武陵酒厂参观酒博馆，题词"南国第一酱"。

　　10月26～27日，湖南省"接待工作经验交流会暨省接待服务协会年会"在湖南省委九所宾馆隆重召开。武陵酒成为"湖南省接待工作经验交流会"会议指定用酒。

　　是年，武陵酒荣获"湖南省著名商标"。

2009年 53%vol 武陵牌武陵飘香1988武陵酒 500ml

2010年武陵牌武陵酒（武陵飘香1988）

规　　格 I 53%vol　500ml
厂　　名 I 湖南武陵酒有限公司
参考价格 I RMB　1,000

相关记事：

2010年2月7日，武陵酒业2009年度工作总结表彰大会在常德市华天大酒店国际会议厅举行。

4月9日，来自汉寿的参与"品武陵芙蓉国色 厚礼相送任你选"活动的125名经销商和武陵酒忠实消费者来厂参观。

6月10日，公司正式通过ISO9001、ISO14001、OHSAS18001认证体系。

6月13日，"湖南武陵酒有限公司工会成立大会暨第一次代表大会"在公司会议室召开。

6月28日，武陵酒业千亩万吨酱酒生态园一期工程开工奠基仪式在湖南常德经济技术开发区举行。

2010年 53%vol 武陵牌武陵飘香1988武陵酒 500ml

相关记事：

2010 年 9 月，公司投资 10 亿元，在常德经济技术开发区征地 1000 亩作为新建万吨酱酒新基地，打造一流的酱酒生态工业园。

12 月 10 日，来自台湾的近百名商客精英莅临酒厂。在厂区工业游讲解员的引领下，各位嘉宾先后参观了地下酒窖、包装生产车间、酿造车间和湘西北首家酒类博物馆——武陵酒博馆。

是年，武陵酒代表湘酒独家入驻上海世博会。

是年，武陵酒被选为第四届湘商大会唯一接待专供酒。

2010年8月14日《常德日报》刊登的武陵酒广告

2011年武陵牌武陵酒（武陵飘香1988）

规　　格 I 53%vol　500ml

厂　　名 I 湖南武陵酒有限公司

参考价格 I RMB　1,000

2011年5月27日，关于认定"武陵"商标为驰名商标的批复

2011年 53%vol 武陵牌武陵飘香1988武陵酒 500ml

相关记事：

2011 年 3 月，武陵酒参展 2011 年泸州酒博会。

3 月 25 日，中国名酒·武陵酒参加 2011 年成都糖酒会。

5 月 3 日，湖南省首届"武陵杯"沅江精品石及美术作品联展。

5 月 4 日，2010 年度湖南新闻奖评选会议的专家、教授来厂参观考察。

5 月 21 日下午，市场策划部负责人余必红带领部门全体人员走进常德人民广播电台新闻频道，组织开展了一次"走出去"活动，加强对广播电台这一新闻媒体的了解，扩大信息知识量。

5 月 27 日，武陵酒荣获"中国驰名商标"。

6 月 11 日，泸州老窖发布公告：联想控股斥资 1.3 亿元认购湖南武陵酒有限公司的 7843 万股定向发行股份，已获武陵酒控股股东泸州老窖董事会会议审议通过。

7 月，湖南武陵酒有限公司建党 90 周年表彰大会召开。

7 月 4 日，武陵酒业千亩万吨酱酒生态园一期工程开工奠基。

8 月 18 日，武陵酒参展 2011 年贵州酒博会。

8 月 27 日，"2011 年东莞·中国名酒武陵酒中秋客户鉴赏会"在东莞新都会酒店盛大开幕。

9 月，中国名酒武陵酒私藏原浆酒封藏仪式盛大举行。

9 月 24 日，"第二届武陵酒品牌文化建设高级顾问暨品牌建设研讨会"举行。

10 月 13～14 日，"十万大奖，征集武陵老名酒"首场鉴评如期在公司办公楼二楼举行。

是年，为了进一步提升自身专业素养，公司市场策划部以"走出去，多交流"的方式开展活动，增强与外界的沟通，激发团队的创新意识，全力打造学习型团队。

2010年9月15日《常德晚报》16～17版武陵酒专版

2012年武陵牌武陵酒（五星上酱）

规　　格｜53%vol　680ml
厂　　名｜湖南武陵酒有限公司
参考价格｜RMB　9,880

产品特征：

　　为满足上酱核心消费群体需求，酒体上优选年份更长的基酒，加上黄金优质老酒调味，是高端商务人士送礼及馈赠佳品、瓶身风格延续上酱家族瓶形，黑晶色陶变釉，附以龙鳞甲片，繁星点缀，寓意庄重威严。

　　酱香浓郁，陈香明显，焦香舒适，纯净柔和，幽雅细腻，回味悠长，空杯留香。

2012年 53%vol 武陵牌五星上酱六十周年纪念（1952-2012）武陵酒 680ml

相关记事：

2012年2月1日，"2012年度销售工作誓师动员大会"在厂会议中心召开。湖南武陵酒销售有限公司副总经理林波先生、各事业部片区经理、营销中心主管、销售业务代表等百余人出席了本次动员大会。

3月起，武陵酒销售有限公司首次开启了全国性的人才招聘活动。

3月22日，湖南武陵酒参展2012年泸州酒博会。

3月23日，2012年春季全国糖酒商品交易会在成都世纪城新会展中心盛大开幕。武陵酒参与了此届糖酒会，并带去了美味的武陵酒供广大客商品尝。

4月，武陵酒荣获"2012年酱酒新势力领军品牌"。

4月27日，文君酒有限公司吴晓萍董事一行来厂参观指导。

是月，联想控股成功并购武陵酒，武陵酒开始插上了强势业外资本的翅膀，武陵酒在自己60岁诞辰之际开始踏上了面向全国的复兴之路。

5月19日，中国名酒·武陵酒海口专卖店盛大开幕，湖南武陵酒销售有限公司总经理曹晏先生出席剪彩仪式。随着鲜红的绸布滑落，标志着武陵酒向全国市场布局又迈出了坚实的一步，省外招商取得重大进展。

5月29日，惠州市常德商会团来厂参观指导。

6月16日，"中国名酒酱香武陵上市品鉴会"在重庆希尔顿逸林酒店隆重举行。

6月19日，中国名酒武陵酒汉寿专卖店盛大开业。湖南武陵酒销售有限公司销售总监林波、湖南武陵酒销售有限公司常德片区经理张超海一同出席了本次活动。

2012年9月26日《湖南日报》专刊《名门"将帅"气壮山河——名酒武陵酒建厂60周年大写意》

161

2012年武陵牌武陵酒（60周年纪念）

规　　格 | 53%vol　500ml
厂　　名 | 湖南武陵酒有限公司
参考价格 | RMB　7,800

产品特征：

　　1952年，常德酒厂（武陵酒核心酿造车间）在崔氏酒坊旧址建成，至今走完一个甲子。回望"中国名酒·传奇"六十年品牌之路，都是武陵酒风雨兼程最为生动的注解，典藏传奇岁月六十周年应运而生。瓶形采用武陵酒最具识别性家族瓶形，层次分明，褐棕色陶釉纹渐变，凸显高端大气稳重，是武陵酒老酒圈收藏界艺术品之一。

　　酱香浓郁，焦香明显，入口柔和丰满，幽雅细腻，回味悠长，空杯留香。

2012年 53%vol 武陵牌60周年纪念武陵酒 500ml

2012年8月10日～10月16日《湖南日报》系列报道武陵酒

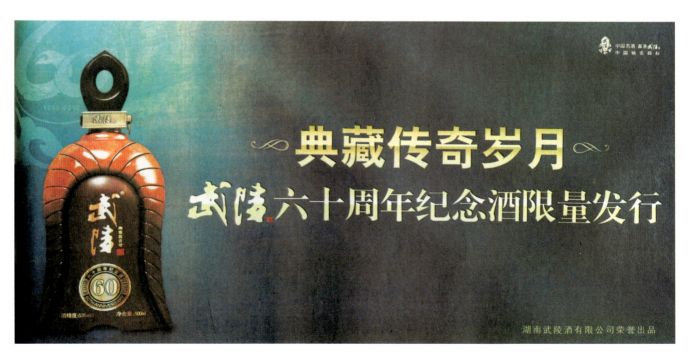

2013年7月25日《常德日报》刊登的武陵酒广告

163

2012年武陵牌武陵酒（绿瓶1988）

规　　格 I 53%vol　500ml
厂　　名 I 湖南武陵酒有限公司
参考价格 I RMB　1,400

产品特征：

　　为纪念1988年武陵酒荣获国家金质奖特此研发。瓶身色泽取优雅墨绿色为主色调，中部镶嵌金色腰带，再现武陵酒披荆斩棘，荣登金榜时刻。

　　幽雅酱香，入口绵柔，细腻爽净，回味悠长。

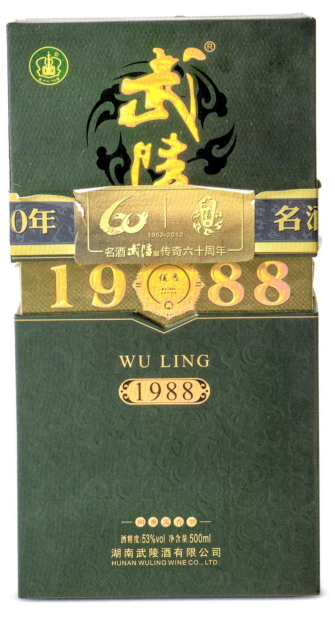

2012年 53%vol 武陵牌绿瓶1988武陵酒 500ml

相关记事：

2012 年 7 月 2 日，"武陵酒业 6S 管理启动仪式暨动员大会"召开。

7 月 8 日，湖南武陵酒有限公司邀请了数十名离退休的老领导、老专家、老员工回厂参观考察，共同分享武陵酒过去的故事，为武陵酒的发展出谋划策。

7 月 17 日，中国名酒·武陵酒形象店在一片热闹的锣鼓声中隆重开业。常德市酒管办领导和湖南武陵酒有限公司相关负责人到场为该形象店揭牌。

7 月 25 日，武陵酒赞助安乡县慰问寒门学子高考状元活动。

7 月 25 日，来自酿造部的 90 名一线员工在公司大培训室参加全员培训，学习武陵酒的相关知识。

7 月 28 日，"武陵酒桂林专卖店开业庆典暨客户答谢会"举行。

8 月 4 日～5 日，广东总经销宋立伟组织带领 50 多名分销商和业务精英组团参观武陵酒厂。

8 月 19 日，濮阳市"首届武陵酒文化书画联谊会"在濮阳悦华国际酒店隆重召开。

8 月 24 日，湖南日报报业集团与武陵酒业在常德签约，确定双方建立战略合作伙伴关系。

9 月，公司 60 周年庆典义卖所得的 30 万元全部捐助，用于常德市慈善会"爱心点燃希望"慈善助学公益活动，善款用于资助 2013 年度常德地区考上大学的贫困家庭学子。

9 月 26 日，武陵中秋笔会在常德柳叶湖畔举行，来自军界、政界、书法界的多位名流齐聚一堂，泼墨挥毫，在武陵酒厂成立 60 年之际，携手武陵"酱帅"共庆中秋佳节。

2013年6月14日《常德日报》刊登的武陵酒广告

2012年武陵牌武陵酒（武陵飘香1988）

规　　格 I 53%vol　500ml

厂　　名 I 湖南武陵酒有限公司

参考价格 I RMB　1,000

产品特征：

　　武陵飘香是武陵酒自20世纪80年代至今最经典瓶形之一，即经典的透明玻璃瓶，配上辨识度极高的三角标，采用一次性专利防伪盖，完美再现武陵酒1987年在人民大会堂的鉴赏画面。

　　酱香明显，爽净甘冽，丰满柔和。

2012年 53%vol 武陵牌武陵飘香1988武陵酒 500ml

相关记事:

2012年9月27日,壬辰龙年八月十二,以"名酒武陵,传奇60年"为主题的武陵酒建厂60周年庆典,在湖南省常德市经济技术开发区隆重举行,2012武陵元帅酒封藏大典、武陵元帅酒慈善拍卖会、武陵上酱大讲堂等系列活动,让这场庆典活动变成了武陵酒继往开来的新起点。

10月18日,由中国糖业酒类集团公司和福州市人民政府主办、中糖新世纪国际会展(北京)有限公司承办的"第87届全国糖酒商品交易会"在海峡国际会展中心隆重开幕。作为中国十七大名酒,湖南省唯一一款中国名酒,中国驰名商标品牌的武陵酒参加了此届糖酒博览会。

11月18日,"武陵酒广西上市发布会暨南宁双拥、江南、五象专卖店开业盛典"在南宁国际会展中心朱槿花厅隆重举行。

11月23日,位于新华西道与卫国路交叉口的唐山武陵酒专卖店隆重开业。

12月5日,值此新春来临之际,湖南武陵酒销售有限公司面向湖南省各区县市一线经销商,在长沙召开了2013年新春团购促销会议。

是年,武陵酒赞助"第二届常德生态·重庆啤酒狂欢节"。

是年,武陵酒荣获"2012年度最具复兴价值品牌"。

是年,联想控股酒业全资收购湖南武陵酒业有限公司。

2012年9月25日《常德日报》刊登的《中国名酒武陵建厂60周年暨2012武陵元帅封藏大典》广告

2012封藏大典"名酒武陵酒，传奇六十年"系列活动

上午9点整，会场中升起三面帅旗，盛典的序幕由此拉开。

随着帅旗在风中冉冉上升、猎猎招展，人们仿佛看到当年万千湘军的雄健英姿重临现场，而武陵的幽雅醇厚酒香更渲染着现场的豪杰之气。接下来的祭祀环节中，韶山土、湘江水、岳麓之卷、湘军之甲、武陵酒荣耀册等浓缩着湖湘文化的代表器物顺次呈上祭台。通过净身、灌洗、敬香、颂祭文等一系列传统祭祀礼制，折射出武陵酿酒人对中国白酒文化的虔诚与敬仰，誓将湖湘永世辉煌的将帅精神代代传承的坚定信念。

军事科学院原政委张序三中将，湖南省政协副主席张大方，中共常德市委书记卿渐伟，中共常德市委副书记市长陈文浩，中共常德市委员巡视员，市经开区工委第一书记魏立刚，联想控股常务副总裁，丰联酒业董事长赵令欢，丰联酒业总裁路通，湖南武陵酒销售有限公司总经理曹晏等领导嘉宾，与社会各界人士近500人齐聚盛典，共同庆祝武陵酒业的六十大寿。

在元帅私藏原酒封藏仪式环节，武陵酒人再现传统的出酒、取酒、鉴酒、封坛、入窖等酿酒流程。中国品酒大师张洪远先生精心秘制的9坛原酒，由18位被誉为"封藏鉴酒帅才"的酿酒大师合力封印入窖，并将在恒温恒湿地下酒窖储存三十年以上。庄重、严谨的封藏过程，无不表达出武陵人对古老酿造技艺的传承与发扬，更凸显了武陵元帅私藏酒的高贵与奢华。

"金甲加身，祥云载道"的元帅私藏酒在武陵酒业主题曲《一将一山河》的雄壮歌声中开启，诸多名人的举杯共饮、争相激赏，令精心酿制的幽雅酱香穿透历史，给所有人留下了深刻印象。

酱香型武陵酒积极引导人们为了欣赏酒而饮酒，为享受酒而饮酒，为陶醉酒而饮酒，感受蕴藏在酒中的悠久绵长；另一方面，提倡与人生重大纪念意义相结合的美酒收藏，推出集高雅艺术设计、国宝级酿制技艺与顶级勾调手艺于一体的超高端元帅私藏定制酒品，以特别的美酒珍藏特别的时光印记，赋予每一个值得纪念的时刻以更丰富的内涵和底蕴。通过品味历史，延展人生的深度；通过品味文化，拓宽人生的广度，凝聚和创造白酒品牌的价值与灵魂。这不仅是历史的、艺术的，更是民族精神的寄托，中华血脉的延伸，是中华文明屹立世界的标识。

传奇盛会，传承历史。大典在悠扬的歌声中落下帷幕。酱香型武陵酒，历史源远流长，以众多独特优势在中国酒业独树一帜。酒文化是中国文化软实力的组成部分，随着中国经济发展和民族复兴，中国文化走向世界是历史的必然，作为民族传统产业，尊重、传承、弘扬历史是我们的责任。封藏大典，不仅是一场酒文化的再现，更是武陵酒做大做强，弘扬中国酒文化的决心。

作为庆典的重头戏，"2012武陵元帅酒封藏大典"当天上午在热烈而庄严的气氛中盛大举行，"甲子光耀，帅旗高扬""迎天承地，三湘凝聚""帅才封藏，韵存三湘""号迎元帅，礼敬九州"四个篇章，将封藏大典演绎为国内顶级酒文化盛宴。

——摘自《湘魂酒魄 征程未息"名酒武陵酒，传奇六十年"系列活动回放特辑》

藏酒封坛仪式现场

省商务厅巡视员、省酒业协会会长易昌伦为藏酒进行封坛

众宾客品鉴武陵元帅酒

九坛武陵元帅酒被抬入酒窖封存

18位被誉为"封藏鉴酒帅才"的酿酒大师合力将酒封印入窖

武陵酒销售有限公司总经理曹晏向宾客敬酒

丰联酒业总裁路通向宾客敬酒

2013年武陵牌武陵酒（名酱1979）

规　　格 I 53%vol　500ml
厂　　名 I 湖南武陵酒有限公司
参考价格 I RMB　1,200

产品特征:

　　1979年，武陵酒在全国第三届白酒评比会上，代表湘酒酱香品类参评，以独有的焦香风格备受全国白酒评委青睐，最终荣获"国家优质酒"荣誉称号，此殊荣见证了武陵酒品质非凡。

　　酱香突出，入口绵柔，醇甜爽冽，回味悠长。

2013年 53%vol 武陵牌名酱1979武陵酒 500ml

相关记事：

2013 年 1 月 9 日，上海新沪商集团总裁陈晓、董事长袁立一行莅临常德，专程参观考察武陵酒厂，湖南武陵酒销售有限公司总经理曹晏热情接待了远道而来的客人。

1 月 9 日，中国名酒武陵酒衡阳专卖店开业庆典在神龙大酒店隆重举行。参加本次庆典仪式的有衡阳常德商会、湘西同乡会、衡阳石鼓区五一商会及各企事业单位、行业代表、新闻媒体近 200 人。

1 月 13 日，中国名酒武陵酒山东市场淄博专卖店开业庆典在淄博市世纪大酒店隆重举行。出席本次庆典仪式的有淄博市委、市政府领导、各企事业单位与行业代表、新闻媒体等 200 多人。

2 月 20 日，长沙市潇湘华天大酒店湖南厅，在一阵气势磅礴的鼓乐中，"中国名酒·武陵酒 2013 年度营销工作部署暨誓师大会"拉开帷幕。

3 月 14 ～ 15 日，由广西邮政公司主办、武陵酒南宁市代理商广西泽元市场投资有限公司协办的"邮政系统分销业务培训班"在广西壮族自治区邮电学校举行，广西邮政系统主管分销业务的骨干人员 140 余人参加了本次培训。

3 月 30 日，常德市柳叶大道上彩旗飘扬，锣鼓喧天，"中国名酒·武陵酒旗舰店全面升级精装开业暨客户答谢会"举行。

4 月 28 日，广东省惠州市明月湖大酒店高朋满座，热闹非凡，"中国名酒·武陵酒（惠州）新品上市发布会暨客户答谢会"在此隆重举行，标志着中国名酒武陵酒上酱年份酒以高调的姿态进入惠州市场。来自惠州市各界人士、湖南武陵酒销售有限公司领导近 200 人出席了此次活动。

5 月，中国名酒·酱香武陵现身"国际矿物宝石展"。

5 月 19 日，武陵酒携手"壹方基金"共同支持广西慈善事业。

5 月，武陵酒业经过多次讨论研究决定，在 2013 年 6 ～ 10 月期间，集中开展"湖南省名酒体验之旅"消费者工业游专项活动。活动时间选择在 6 ～ 10 月，此时段也囊括了酱酒的酿造过程中"端午采曲，重阳投料"的重点时段。

6 月 10 日，"武陵酒珠海专卖店开业暨客户答谢会"在珠海市"海和会"会所举行，珠海市各界湘籍企业家代表和湖南武陵酒销售有限公司的代表近 150 人参加了此次活动。

6 月 20 日，武陵酒业 HACCP（危害分析与关键控制点）管理体系知识培训在公司大培训室举行，武陵酿酒公司全体员工参加了为时 3 个小时的培训。

7 月 10 日，酿酒车间的蒸馏工技术比武正式拉开序幕，由武陵酒业酿酒公司副总经理、总工程师张洪远宣读比武目的与规则，并要求所有评委在比赛过程中要认真工作，如实记录，对每一项评分要详细记录，应对整个打分负责，质量部保证比赛中计量结果的准确及合法有效性。

2013年武陵牌武陵酒（名酱1988）

规　　格 | 53%vol　500ml
厂　　名 | 湖南武陵酒有限公司
参考价格 | RMB　900

产品特征：

　　1988年，武陵酒在全国第五届白酒评比会酱酒组中再次以最高分位居榜首，荣获国家金质奖，成为中国十七大名酒之一，三大酱香名酒之一。业界俗称"茅武郎"三大酱香时代正式开启。为记录此光辉时刻，特研发名酱1988。

　　酱香突出，幽雅细腻，后味干净而爽冽。

2013年 53%vol 武陵牌名酱1988武陵酒 500ml

相关记事:

2013 年 8 月 20 日,新任常德市委常委、组织部部长朱水平一行来到湖南武陵酒有限公司,现场实地查看了"武陵酒业千亩万吨酱酒生态园"项目工地和生产厂区,调研新园区建设和生产经营状况。

8 月 22 ～ 24 日在常德汉寿清水湖国际会议中心,举办"战略牵引,高效执行"培训班,来自武陵酿酒各职能部、室的 68 名员工参加了培训。本次培训主题为"战略牵引,高效执行",内容以"战略制定与执行"及"组织执行力"为主,并穿插了团队建设、案例复盘、研讨会、知识竞赛等内容。

8 月 24 日,武陵酒走进湖南旅游胜地武陵源。

2014年武陵牌武陵酒（武陵飘香1988）

规　　格丨53%vol　500ml

厂　　名丨湖南武陵酒有限公司

相关记事：

　　2014年1月27日，"携手武陵，共创未来武陵事业部2013年度总结表彰大会暨2014年新春团拜会"在常德举行。

　　3月16日，湖南武陵酒有限公司成功承办"第十届湖南省白酒评酒委员换届大会"。

　　5月20～23日，中国年度湘、鄂、赣、渝、闽、桂五省一市白酒质量交流检评会议在广西桂林市隆重举行。酱香型53°武陵上酱、53°武陵名酱（1988）、兼香型52°芙蓉国色（6年）及浓香型52°洞庭春色酒样一路过关斩将，在众多参评产品中脱颖而出，斩获"四金大满贯"，荣获"2014年度湘鄂赣渝闽桂白酒行业金奖优质酒"荣誉称号。

2014年 53%vol 武陵牌武陵飘香1988武陵酒 500ml

2017年武陵牌武陵酒（武陵飘香1988）

规　　格 | 53%vol　500ml

厂　　名 | 湖南武陵酒有限公司

相关记事：

　　2017年，"感恩常德，一起武陵酒之夜晚会"成功举办。

　　是年，新模式验证，武陵渐入佳境，同比销售47%增长。

　　2017年，是武陵酒创业突破期：1.销售模式从传统经销转为终端直达；2.开始启动客户数据化管理；
3.首届高端消费者品牌活动"武陵酒之夜"在常德大小河街举办。

2017年 53%vol 武陵牌武陵飘香1988武陵酒 500ml

2015年武陵牌武陵酒（原浆私藏）

规　　格 | 53%vol　1.5L

厂　　名 | 湖南武陵酒有限公司

参考价格 | RMB　900

2015年6月6日

产品特征：

　　原浆私藏设计灵感来源于仿古元青花石榴瓶，色泽以中国红为主，富有中国传统文化韵味，龙凤呈祥图案寓意和和美美，是武陵宴席用酒的不二选择。

　　酒体酱香突出，焦香舒适，丰满柔和。

2015年 53%vol 武陵牌原浆私藏武陵酒 1.5L

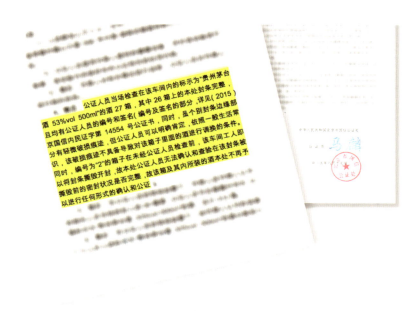

公证人员当场检查在该车间内的标示为"贵州茅台酒 53%vol 500ml"的酒 27 箱，其中 26 箱上的本处封条完整，且均有公证人员的编号和签名(编号及签名的部分，详见(2015)京国信内民证字第 14554 号公证书，同时，虽个别封条边缘部分有轻微破损痕迹，该破损痕迹不具备导致对该公证人员检查前的酒进行调换的条件。依照一般生活常识，但公证人员可以明确肯定，该车间工人即以将封条撕毁开封，故本处公证人员无法确认和查验在该封条被撕毁前的密封状况是否完整，故该箱及其内所装的酒本处不予以进行任何形式的确认和公证

武陵酒对茅台酒盲品公证书

相关记事：

　　2015 年，武陵酒再次挑战权威，秉承"敢为天下先"精神理念，在北京公证处见证下，全国各地发起万人盲评，通过线上及线下评比方式，最终呈现结果是武陵酒对茅台酒为 61%：39%，足以证明武陵酒的优越性及纯净柔和爽冽的特性。

2016年武陵牌武陵酒（壹贰叁）

规　　格 | 53%vol　500ml
厂　　名 | 湖南武陵酒有限公司
参考价格 | RMB　2,180　1,280　880

产品特征：

　　瓶形采用黑褐色陶瓷瓶，武陵酒独有的"将军令牌"，增添了外观的神秘色彩，外盒采用简约牛皮纸包装。讲究酒体品质的优势，流通市场无售，曾一度成为各地市企业指定招待用酒。

　　酱香突出，幽雅细腻，丰满柔和，空杯留香持久。

2016年 53%vol 壹號武陵内供 500ml　　　　　　2016年 53%vol 贰號武陵内供 500ml

相关记事：

2016 年 1 月 8 日，"武陵酒"杯首届全国中青年书法家获奖作者作品邀请展在常德市文化馆开幕。

1 月 28 日晚，"尚一网 2016 年全国网友春晚"在常德市共和大酒店火爆上演，来自全国各地的数千网友从线上走向线下，欢聚一堂，共飨视听盛宴。武陵酒业作为本次春晚的支持单位，选送的节目《武陵酒美酒天下香》惊艳亮相。

4 月 1 日上午，2016 年常德德商恳谈会在常德喜来登天际大酒店隆重举行。来自全国各地的常德籍人士、商会协会精英、党政军企各界代表共 700 人聚集一堂，共话桑梓之情，共谋发展大计。

9 月 9 日，"武陵酒杯"2016 年湖南桃花源高尔夫夏季会员邀请赛圆满收杆。

是年，武陵酒荣获常德市农业产业化"龙头企业"称号。

2016年 53%vol 叁號武陵内供 500ml

2018年武陵王（第五代武王）

规　　格丨53%vol　500ml

厂　　名丨湖南武陵酒有限公司

参考价格丨RMB　2,680

2023年度武陵王荣获中国白酒中南核心产区标志产品奖

产品特征：

　　酒体风格区别于传统酱香，焦香更突出，口感更柔和，体感更轻松。加上一年的瓶储，加快了酒体的老熟。

　　以"张飞的帽子"为原型，精心改良，褐色的陶瓷瓶植入烫金圆形Logo（犹如护心镜），搭配红色襟带，散发出王者风范，威风凛凛，有指点江山，一统天下的气势。

　　每瓶印有"武陵酒之父"国家级白酒评委鲍沛生及国家级白酒酿造专家张国锦签名，行业内认可是武陵酒最典型的幽雅酱香。

2018年 53%vol 第五代武陵王武王 500ml

相关记事：

2018 年 10 月 22 日，总投资 30 亿元的武陵酒业酱酒酿造异地建设项目签约仪式在常德经开区举行。

10 月 26 日，万众瞩目的"武陵酒之夜"——"唱响传奇，创造美好"明星演唱会在常德市体育中心落下帷幕。

是年，湖南武陵酒有限公司等 10 家企业荣获"常德市第十二届十佳优秀企业"称号，沈小平等 10 名企业家荣获"常德第十二届十佳优秀企业家"称号。

是年，衡水老白干酒业全资收购武陵酒，武陵酒进入了发展时代，销售快速增长逆势上榜。

1998 年后，武陵王曾在市场中消失，2015～2018 年，武陵酒相关领导人曾三度拜访武陵酒之父鲍沛生，请教并学习武陵酿酒酿造工艺。在交流过程中，曾多次提到复活武陵王酒。但鲍老提出两点要求：

1. 复活武陵王这款最成熟的酿造工艺，最具武陵酱香风格的酒；2. 让酒回归到会喝的本质。而这，最终于 2018 年得以实现。

湖南酒业协会30周年庆典纪念
2023年 53%vol 文武双全酒版 80ml×2

2018年武陵王（第五代文王）

规　　格 | 53%vol　500ml
厂　　名 | 湖南武陵酒有限公司
参考价格 | RMB　2,680

产品特征：

　　酒体风格区别于传统酱香，焦香更突出，口感更柔和，体感更轻松。加上一年的瓶储，加快了酒体的老熟。

　　灵感源泉来源于西周周文王的帝王冠冕，青花瓷瓶身彰显优雅。

　　每瓶印有"武陵酒之父"国家级白酒评委鲍沛生及国家级白酒酿造专家张国锦签名，行业内认可是武陵酒最典型的幽雅酱香。

2018年 53%vol 第五代武陵王文王 500ml

2019年武陵牌武陵酒（上酱15）

规　　格 I 53％vol　500ml
厂　　名 I 湖南武陵酒有限公司
参考价格 I RMB　958

相关记事：

2019年4月4日，第六届德商恳谈会在常德共和酒店举行。

6月19日，武陵酒厂获评首批"湖南老字号"企业。

11月7日，常德市全市企业品牌建设工作会议在武陵酒厂召开。

产品特征：

2019年，武陵酒在酱酒热推动下也进入了高速发展状态。瓶形采取三酱系列家族瓶形，色调选取典雅的紫蓝色。精美商务书本盒的开启方式，时尚高贵精致，是商务接待用酒的首选。

酱香突出，入口绵柔，酒体丰满，回味悠长。

2019年 53％vol 武陵牌上酱15武陵酒 500ml

2019年武陵牌武陵酒（上酱10）

规　　格 I 53%vol　500ml

厂　　名 I 湖南武陵酒有限公司

参考价格 I RMB　680

相关记事：

　　2019 年，第一个五年计划实现，实现了复合增长 40% 的良好局面，实现逆势上扬。

　　是年，武陵酒启行筑梦"新厂建设启动暨献礼新中国成立 70 周年封坛仪式"举办。

　　是年，武陵酒荣获"大国酱香领军品牌奖"及"常德市第十二届十佳优秀企业"称号。

产品特征：

　　为满足市场消费者宴席用酒需求，上酱 10 年以三酱家族瓶形现世，中国红的色调寓意吉祥喜庆之意。外观以透明亚克力为材质，是武陵酒产品红色经典之作之一。

　　酱香突出，入口柔和，甘甜净爽。

2019年 53%vol 武陵牌上酱10武陵酒 500ml

2020年武陵牌武陵酒（下沙庆典暨新厂投产纪念）

规　　格 | 53%vol　1L
厂　　名 | 湖南武陵酒有限公司

相关记事：

　　2020 年 5 月 19 日，武陵酒 2020 新厂建设开工仪式在常德经开区举行，总投资 30 亿，酿酒逾 5000 吨。

　　是年，新的五年征程开始！新厂启动建设，模式升级，未来五年我们要做湖南最好的酒、做成 5000 吨 +1000 吨酱酒酿造规模、合作体验最好的厂家。

2020年 53%vol 武陵牌下沙庆典暨新厂投产纪念武陵酒 1L

2020年5月18日 星期一 责任编辑 韩冬 美术编辑 崔建湘　常德日报

地址:湖南省常德市柳叶大道　广告经营许可证:4150001070046　常德常报印务有限公司印刷　总编室:7714837　广告中心:7717503　全国新闻记者管理及记者证核验网址:press.gapp.gov.cn　定价:328元/年

2020年5月18日《常德日报》 "预祝5.19武陵酒新厂建设开工仪式圆满成功"

2021年武陵牌武陵酒（金奖）

规　　格 I 53%vol　600ml
厂　　名 I 湖南武陵酒有限公司
参考价格 I RMB　658

产品特征：

　　金奖武陵酒是 2021 年武陵酒公司为了回馈武陵粉丝厚爱而生产的一款超高性价比的特制产品，容量为 600 毫升装。产品上市前开展了 300 场盲品会，好评率达到 95% 以上。金奖武陵酒于 2021 年 8 月上市首发 10000 件，共计生产了 80000 件，自此之后没有再生产。

　　酱香突出，入口绵柔，醇甜爽洌，回味悠长。

2021年 53%vol 武陵牌金奖武陵酒 600ml

189

2021年武陵牌武陵酒（W03）

规　　格 | 53%vol　500ml
厂　　名 | 湖南武陵酒有限公司
参考价格 | RMB　3,880

2021年4月，常德市人民政府授予湖南
武陵酒有限公司"常德市首届市长质量奖"

相关记事：

2021年6月5日，"2021武陵酒之夜——武陵王粉丝盛典"在美丽的常德柳叶湖沙滩公园举行。

9月9日，武陵酒新厂一期建设完成，并正式下沙投产。

产品特征：

W03武陵酒系湖南省书法家协会主席、原湖南省文联主席鄢福初开发的产品，酒瓶与外包装均以乳白色和金色为主基调，精致简约大气。酒体色如琥珀，酱香浓郁，口味醇厚而绵柔，回味悠长，留香持久。

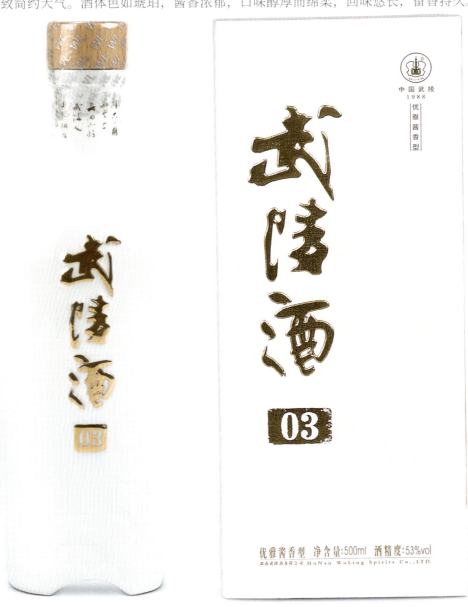

2021年 53%vol 武陵牌W03武陵酒 500ml

2021年9月8日 星期三 责任编辑 黄云霞 美术编辑 崔建湘

地址：湖南省常德市柳叶大道 广告经营许可证：4150001070046 常德常报印务有限公司印刷 融媒体中心：7714837 广告中心：7717503 全国新闻记者管理及记者证核验网址：press.gapp.gov.cn 定价：398元/年

2021年9月9日《常德日报》"热烈祝贺武陵酒下沙庆典暨新厂投产圆满成功"

191

2021年武陵牌武陵酒（排云上）

规　　格 I 53%vol　500ml
厂　　名 I 湖南武陵酒有限公司
参考价格 I RMB　4,288

2022年度中国食品工业
协会科学技术奖 一等奖

产品特征：

　　得名于刘禹锡《秋词》："晴空一鹤排云上，便引诗情到碧霄。"瓶体高温烧制而成的墨色石裂纹让世界上没有两瓶完全相同的"排云上"。此款瓶体设计呈现出对世事本质的洞察，而超然物外的隐秘之美。

　　酱香突出，陈香幽雅，焦香舒适，色泽微黄，口感细腻醇甜，回味悠长，是高端商务接待馈赠的最佳选择。

2021年 53%vol 武陵牌排云上武陵酒 500ml

2022年9月9日"武陵酒一期整体建成暨产能5000吨下沙大典"隆重举行

相关记事:

2022年2月16日起,赵旭东兼任湖南武陵酒有限公司董事长。

3月30日下午,"同心共筑,美好酱来"——武陵酒2022年合作伙伴交流会常德场召开。

5月9日,武陵酒开展首届品牌日活动。

5月19日,武陵酒亮相"2022中国旅游日湖南宣传活动启动仪式暨桃花源文化旅游节"。

5月23日,武陵酒荣获"新湖南贡献奖先进集体"称号。

6月25~26日,武陵酒在常德喜来登酒店举办"50年杯酒话时光"活动,与武陵酒的老朋友们一起共话五十年的岁月变迁。

7月6日,武陵酒公司杨粤、周平、吴若薇、黄丽娟、周璐、魏立男、黄思敏、资陆妍、万欣9人被省酒协聘任为湖南省第十二届白酒正式评酒委员。陈家好、雷体军荣聘为湖南省第十二届白酒特邀评酒委员。

9月9日,"武陵酒一期整体建成暨产能5000吨下沙大典"隆重举行。

11月5日,由中国酒业协会名酒收藏委员会主办的"鉴名酒,见未来"——十七大名酒专场鉴定走进武陵系列活动,在湖南常德武陵酒厂举行。

是年,新厂一期建设完成,整体产能可达6600吨,储酒能力可达45000吨。

2021年武陵牌武陵酒（天下先）

规　　格 I 53%vol　500ml
厂　　名 I 湖南武陵酒有限公司
参考价格 I RMB　2,988

产品特征：

　　"敢为天下先"是武陵人做酒的精神信仰。天下先武陵酒酒瓶为蓝色窑变釉烧制而成，寓意色正犹如身正。为商而正，为人而善。

　　酱香、陈香、焦香丰富谐调，色泽微黄，口味醇厚而绵柔，后味悠长。非流通市场售卖，团购限量产品，商务接待聚饮首选。

2021年 53%vol 武陵牌天下先武陵酒 500ml

2021年武陵牌武陵酒（浪淘沙）

规　　格 | 53%vol　500ml

厂　　名 | 湖南武陵酒有限公司

参考价格 | RMB　1,588

产品特征：

　　大浪淘沙，始见真金。此款酒酒瓶霁红纯色釉高温烧制而成，一体成型。瓶色与瓶身的"浪淘沙"金色字体相呼应，形成自然的澎湃之感与岁月的沉浮历练之美。

　　酱香、焦香舒适，色泽微黄，口感轻柔，后味干净。投入市场后，成为年轻精英白领等新生代武陵酒客的优选。

2021年 53%vol 武陵牌浪淘沙武陵酒 500ml

2023年裤币武陵酒（第三代）

规　　格 I 53%vol　500ml

厂　　名 I 湖南武陵酒有限公司

参考价格 I RMB　1,980

产品特征：

　　第三代裤币武陵酒于 2023 年 9 月隆重面世，此酒沿袭传统裤币瓶形，寓意"融通四海，财达三江"，是传统文化与现代酒礼的完美融合。

　　1. 原版口感，绝密配方：裤币酒配方一直珍藏，专班酿造，并由专人守护，其生产工艺为最高级保密。

　　2. 非凡品质，绝密储存：原酒储存在地下酒窖，专区保管，并派专人监测酒体，保证原酒处于最佳状态。

　　3. 珍品酒体，顶级艺术：裤币酒选用更多优质基酒勾调，并由国内顶级艺术陶瓷工艺淬炼而成。

　　酒体色泽金黄，酱香浓郁，陈香明显，焦香舒适，入口醇厚幽雅，甘甜爽冽，回味悠长。

2023年 53%vol 第三代裤币武陵酒 500ml

2023年9月裤币老酒开坛仪式

武陵酒厂总经理张毅超拜访韩美林大师

2023年湖南酒协30周年纪念裤币武陵酒

规　　格 I 53%vol　1L
厂　　名 I 湖南武陵酒有限公司
参考价格 I RMB　6,880

产品特征：

　　1L装收藏版裤币武陵酒，系湖南省酒业协会联合武陵酒有限公司为湖南省酒业协会成立30周年特制的一款限量版收藏精品，由武陵酒厂总经理张毅超及老酒专家廖新其先生联袂签名，限量3000瓶。此款酒由于数量稀缺，酒质上乘，极具收藏及投资价值。

　　酒体色泽金黄，酱香浓郁，陈香明显，焦香舒适，入口醇厚幽雅，甘甜爽洌，回味悠长。

2023年 53%vol 湖南酒协30周年纪念裤币武陵酒 1L

2023年裤币武陵酒上市发布会现场

2023年专注高端酱香50年封坛武陵酒

规　　格 | 53%vol　250L　25L
厂　　名 | 湖南武陵酒有限公司

武陵封坛酒品评鉴定表

产品特征：

　　甄选七轮次中最优质的三、四、五"黄金轮次"，再由三位国家级白酒评委亲自品评，从中挑选出 10% 的顶级原酒。酒体优中选优，产量极其稀少。其酒体香味谐调，恰到好处，又各有特点，成熟稳重如"智者"，具有强大的塑性能力。

　　此款酒具有如下有点：黄金时间，优中选优；黄金品质，库藏老酒；黄金勾调，独有品味；黄金位置，中央库藏；黄金价值，点滴珍藏。

　　色泽透明，酱香幽雅，焦香舒适，醇厚丰满，细腻柔和，回味悠长，空杯留香持久。

2023年 53%vol 专注高端酱酒50年封坛武陵酒 5L

相关记事:

2023 年 2 月 1 日，"唯变不变，远方不远"——2023 武陵酒担当联盟大会，在湖南长沙召开。

2 月 22 日，"2023 年武陵酒河南品牌发布会"在河南郑州喜来登酒店隆重举行。

4 月 2 日，武陵酒大力支持"2023 年德商恳谈会"，助力现代化新常德建设。

4 月 16 日，武陵酒亮相北京常德商会庆典，向在京企业家展示家乡名酒实力。

5 月 8 日，在"湖南首届中国名酒节暨武陵酒科技成果鉴定会"上，中国白酒泰斗高景炎等专家现场品评武陵封坛酒，并写下评语。武陵封坛酒的酒体品质及风格获得一众专家的高度认可。

9 月 8 日晚，"桃花源里，美好武陵"——2023 年武陵酒最美粉丝节暨下沙大典在常德举行。

12 月 25 日，武陵酒有限公司荣获"新湖南贡献奖"。

12 月，公司党支部书记、总经理张毅超被评为第二届新湖南贡献奖先进个人。

黄金位置 中央库藏
WULINGCRUDELIQUOR

开辟专属库藏区，位于酒厂核心区域，只为订购了封坛原浆的尊贵朋友开放，安全安心。

黄金价值 点滴珍藏
WULINGCRUDELIQUOR

武陵封坛原浆具备超高品质，在陶坛库专属区域进行储藏，保值、增值、超值、越存越有价值。

四大客户权益
WULINGCRUDELIQUOR

免费存酒五年

自封坛之日起，提供5年免费存酒服务，原酒在原产地独有的微生物环境中，进行充分的醇化、老熟。

专属密码锁

自封坛之日起，发放专属取酒礼盒，取酒礼盒内包含唯一编号凭证与钥匙，仅由封存者保存。

专属分装定制

5年开坛提酒时，免费提供分装服务，并提供包装定制服务，每一瓶酒都与众不同，用以纪念您的每一个重要时刻。

免费封坛酒样

凡订购封坛原浆酒，均赠送1瓶2斤装封坛小酒样，您可以自行贮藏，随时关注封坛原浆变化。

WULING SPIRITS
名贵焦香·纯净柔和·体感轻松·健康优雅

独属于您的时光记忆

WULING CRUDE LIQUOR

500斤封坛酒(签名+金印)

50斤封坛酒(签名+金印)

2斤定制分装坛

武陵封坛酒介绍

2023年6#原浆私藏武陵酒

规　　格 | 53%vol　500ml
厂　　名 | 湖南武陵酒有限公司
参考价格 | RMB　980

产品特征:

1.黄金时间,优中选优:在微生物最活跃的春季取三、四、五轮次酒,在此基础上优中选优,才可成为封坛基酒。

2.黄金品质,库藏老酒:采用一罐备一罐的传统工艺,每批老酒都延续上一批老酒的精华,封坛原浆中加入10%老酒调味,成就一滴入魂的黄金品质。

3.黄金勾调,独有品味:专人、专容、专岗制度负责酒体酿造,大师团队小批量手工勾调,酿制独具个性品味的高品质好酒。

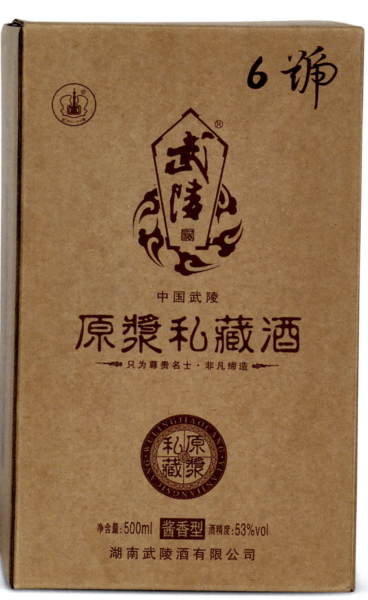

2023年 53%vol 6#原浆私藏武陵酒 500ml

周年盛典　千人封坛　*WULING CRUDE LIQUOR*

2022年9月9日,武陵隆重推出"五绝原浆"封坛酒,千人现场封坛,盖红布、贴金封、盖印章、留墨宝,以岁月封藏珍稀琼浆,静待佳酿重启,共享荣耀时刻。

重磅回归　再封佳酿　*WULING CRUDE LIQUOR*

2022年,"五绝原浆"封坛酒发售期仅为1个月,市场上供不应求。为响应广大消费者的需求,武陵酒再次推出限量封坛酒,此次封坛酒为2023年新酿原浆,具备五大黄金品质,献给所有爱武陵酒、懂武陵酒的朋友们。

WULING SPIRITS

名贵焦香·纯净柔和·体感轻松·健康优雅

武陵封坛酒介绍

武陵飘香系列集锦

2013年 53%vol 武陵牌武陵飘香1988武陵酒 500ml　　2019年 53%vol 武陵飘香30周年1988武陵酒线上产品 500ml

2022年 53%vol 30周年纪念版武陵飘香武陵酒 500ml

武陵区域性产品

2019年 53%vol 武陵酒尊享版 500ml

2019年 53%vol 初心武陵酒 500ml

2023年 53%vol 武陵酒5# 500ml

2023年 53%vol 武陵酒9# 500ml

第七章

琥珀系列

2015年武陵酒（第一代琥珀）

规　　格 I 53%vol　509ml
厂　　名 I 湖南武陵酒有限公司
参考价格 I RMB　2,180

产品特征：

　　2015 年，中国市场经济进入互联网时代，消费意识开启主张时代。武陵酒为满足客户个性化需求，在长沙岳麓山下、橘子洲头、杜甫江阁、湘纱裕厂，以"所有美好都开花"为主题，开展了武陵琥珀的新品发布会。

　　此款酒的外观设计结合现代简约东方美学，主体黑白配色呈现，钻石水晶插拔头与精密的玻璃切割工艺结合，以极致的工艺追求优雅的品质。采用透明玻璃瓶，无疑又是一次行业挑战。

　　酒体色如琥珀，酱香、陈香、焦香谐调，口感醇和爽冽，后味干净绵长，是年轻一代翘楚的首选。

2015年5月9日 53%vol 第一代琥珀武陵酒 509ml

颜值爆表
细节追求美好

钻石瓶盖

钻石切面瓶盖，光芒四射，彰显个性与奢华

防酒溅设计

瓶口110°R角，解决倒酒酒溅尴尬

瓶身优雅弧线

经历反复修改和实验形成流畅对称感的曲线，优雅十足

包装时尚耐用

高低温高空坠落无破损不变形，12000次震动测试包装酒瓶完好无损

2015年5月9日"所有美好都开花——琥珀上市发布会"宣传资料及现场

2015年武陵酒（第一代琥珀）

规　　格Ⅰ53%vol　750ml
厂　　名Ⅰ湖南武陵酒有限公司
参考价格ⅠRMB　3,200

产品特征：

　　酒体色如琥珀，酱香、陈香、焦香谐调，口感醇和爽冽、干净绵长，是年轻一代翘楚的首选。

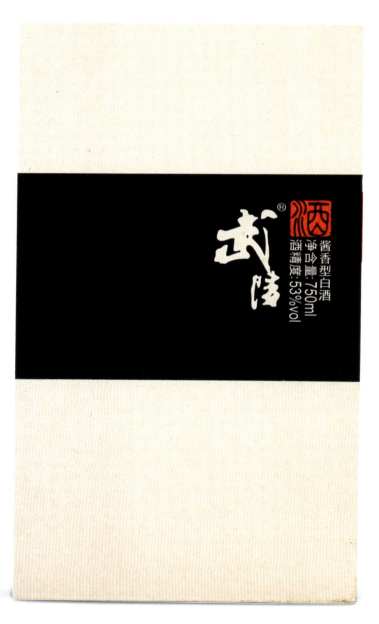

2015年 53%vol 第一代琥珀武陵酒 750ml

相关记事：

琥珀产品的诞生：

1. 思考：带着互联网思维来做白酒的联想团队坚信现有的直达销售模式已初步成型，但传统的白酒包装及瓶身已经让人有了审美疲劳，缺乏一款个性独特的产品通过网络直面和冲击消费者。因此，研发一款属于武陵酒独有风格及特性的武陵酒，势在必行。于是，推广、产品、设计、酒体中心、质量、包装等部门开始启动武陵酒的研发互联网产品项目（俗称"T项目"）。

2. 前期研发准备：首先，在市场调研的基础上，产品、设计、推广三部门给予这款酒的定位是定制类型的酒，主要受众群体为高端商务精英人士，前期不在流通渠道售卖。其次，包装设计必须要超前领先。于是，设计部门先后找到于国内外各大酒厂做了相应的调研，最终落定为独特的西洋式风格，以玻璃瓶身作为基础，特制橡木拧盖，重点打造开瓶仪式感，玻璃瓶可以直观看到酒体颜色，多维度满足消费者的定制需求。再次，延展开发出"琥珀"与"匠心"两款产品，分为烤漆标、纸标及雕刻版。

2015年武陵酒（第一代琥珀）

规　　格 I 53%vol　1L
厂　　名 I 湖南武陵酒有限公司
参考价格 I RMB　4,180

产品特征：

　　此款琥珀 1L 武陵酒的出现满足了消费者聚饮、畅饮的饮酒需求，大容量的酒体灌装加速了酒分子之间有效缔合。此酒是武陵酒首次公开年份、比例、配方的产品。

　　酒体色如琥珀，酱香、陈香、焦香谐调，口感醇和爽冽，干净绵长。是商务馈赠及接待用酒首选。

2015年 53%vol 第一代琥珀武陵酒珍藏版 1L

武陵酒琥珀宣传资料

2016年武陵酒（第一代琥珀·匠心）

规　　格 I 53％vol　1000ml
厂　　名 I 湖南武陵酒有限公司
参考价格 I RMB　4,180

产品特征：

　　"琥珀·匠心"是武陵酒家族中形态唯一没有合缝线的产品，传统文化诗词歌赋与酒完美结合，精致的打磨与雕刻是极具特色的卖点。瓶身晶莹剔透，酒体色泽微黄，宛如琥珀，酱香、陈香、焦香丰富谐调，口味醇厚而爽洌、后味干净，空杯留香持久。

2016年 53％vol 第一代琥珀匠心武陵酒 1000ml

武陵酒琥珀匠心宣传资料

2018年武陵酒（"拙"字收藏版琥珀）

规　　格 I 53%vol　1000ml
厂　　名 I 湖南武陵酒有限公司
参考价格 I RMB　21,800

产品特征：

　　"世界上最极巧的物件，往往出自最笨的法门。"琥珀武陵酒"拙"字收藏版，简约而不简单，是武陵酒厂赠予武陵酒最忠实粉丝的一款高品质个性化定制产品。全球限量 200 瓶，专属私人印章，极具收藏价值。

2018年 53%vol "拙"字收藏版琥珀武陵酒 1000ml

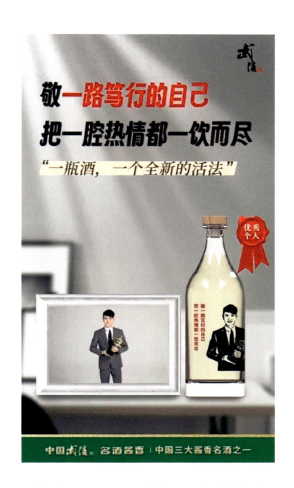

武陵酒琥珀宣传资料

2020年十二生肖武陵酒（琥珀）

规　　格 | 53%vol　509ml×12
厂　　名 | 湖南武陵酒有限公司
参考价格 | RMB　15,800

产品特征：

　　生肖文化与酿酒文化是中华传统文化的重要组成部分，生肖如人生性格，酒品见人品。此款生肖套装乃是商务馈赠、收藏佳品。

2020年 53%vol 十二生肖琥珀武陵酒 509ml×12

2020年 53%vol 十二生肖琥珀武陵酒 509ml×12

企业定制产品

同心向前　遇见美好
武陵跑团成立两周年纪念

2022感恩随行　相伴永酒
武陵酒跑团成立两周年

武陵酒·启行·筑梦
新厂建设启动暨献礼70周年礼品酒

50th限量版
1972～2022专注高端酱酒50年

50th限量纪念版
专注高端酱酒50年

武陵新厂纪念　庚子年辛巳月

鉴名酒·见未来
十七大名酒专场鉴定走进武陵

兰天集团　2023·优秀团体纪念

兰天集团　2023·优秀个人纪念

担当联盟　一九八九年十月国家金奖

一起奋斗　一起幸福
担当联盟生日定制

2023兔年武陵酒担当联盟大会

文化定制产品

2015年八骏全图匠心　　　　　2016年常怀仁德匠心　　　　　2018年常怀仁德匠心

2016年高山流水　　　　　　　所有美好都开花　　　　　求实而行　正是终极捷径

出入平安　尉迟恭　　　　迎春纳福　秦琼　　　　　福

出入平安　虎啸山河保安宁　　　平步青云　龙纳百福定乾坤　　　定

商务定制产品

2015年恒楚建设　　　　　2020年新奥　　　　　2023商会纪念

湖南兴旺　　　　　银河酷娱　　　　　个人定制

个人定制产品

个人定制　　　　　　　　　　个人定制　　　　　　　　　　个人定制
圆满的人生　　　　　　　　　浮世三千　吾爱有三　　　　凌云壮志　妙笔生花　孤勇之后　世界尽在眼前

个人定制　　　　　　　　　　个人定制　　　　　　　　　　个人定制
私藏　　　　　　　　　感谢你们不是超人　但为我变成了万能

节日定制产品

中秋佳节

中秋佳节

2023中秋限量版
限量编号：WLJZQ01252

2023中秋限量版
限量编号：WLJZQ01257

2023中秋限量版
限量编号：WLJZQ01259

2022年武陵酒（第二代琥珀）

规　　格 I 53%vol　509ml
厂　　名 I 湖南武陵酒有限公司
参考价格 I RMB　1,099

产品特征：

　　为满足全场景用户需求，瓶身由黑白配色升级为玫瑰金配色，满足了多场景化用酒；W 金属锁扣的装饰兼顾了防伪，增添了美感；2 毫米的浮雕 Logo 设计，品牌突出更明显；1 毫米密封口。此款酒的整体设计简约而不简单。

　　酱香突出，焦香舒适，幽雅细腻，入口纯净，回味悠长。

2022年 53%vol 第二代琥珀武陵酒 509ml

2024年春节龙年琥珀大团圆

武陵酒琥珀宣传资料

2022年武陵酒（第二代琥珀）

规　　格 | 53%vol　1L
厂　　名 | 湖南武陵酒有限公司
参考价格 | RMB　2,199

产品特征：

　　第二代琥珀1L装主体设计延续第一代，瓶身品牌信息由简易纸标升级为烫金雕刻标，瓶身底座加入山形浮雕，黄金般的酒体灌装令产品更加亮眼，是商务活动及馈赠之佳品。

　　酱香突出，焦香舒适，幽雅细腻，入口纯净，回味悠长。

2022年11月 53%vol 第二代琥珀武陵酒 1L

武陵酒琥珀宣传资料

定制产品集锦

2016年 53%vol 琥珀武陵酒 509ml
武陵飘香醉金湘——廖新其惠藏

2016年 53%vol 琥珀武陵酒 750ml
武陵飘香醉金湘——廖新其惠藏

53%vol 琥珀武陵酒 509ml
新奥 用我所能 善待明天

53%vol 琥珀武陵酒 509ml
大师型格 圣得西

53%vol 琥珀武陵酒 509ml
美的集团

53%vol 琥珀武陵酒 509ml
宜兴市中韬环保有限公司

2017年 52%vol 中秋河街纪念武陵酒 509ml
武陵酒之夜 诗歌点亮常德 河街致敬武陵郡

2017.1.1传奇没有终点 53%vol 琥珀武陵酒 509ml
摩托罗拉2017年迎新春节会

53%vol 琥珀武陵酒 509ml
湖南中科星城石墨有限公司

2022年 53%vol 琥珀武陵酒 509ml
中通快递20th 不负韶华 感恩前行

53%vol 琥珀酒武陵 509ml
湖南建工集团一公司

53%vol 琥珀武陵酒 50ml

53%vol 琥珀武陵酒 75ml

企业定制产品

2020年 53%vol 武陵原浆私藏酒 509ml
武陵德商壹号

2020年 53%vol 武陵原浆私藏酒 509ml
高尔夫1号

53%vol 武陵原浆私藏酒 500ml
和为通信

53%vol 武陵原浆私藏酒 500ml
中南院

武陵酒桃花源高尔夫现场图

2018年53%vol武陵原浆规格2500ml、1500ml

VIP定制产品

53%vol 武陵酒VIP定制系列 500ml
湖南钢铁

2012年 53%vol 武陵湖南日报内供酒 500ml
湖南武陵酒有限公司

53%vol 武陵VIP定制系列 500ml
晚安集团

2019年 53%vol 定制酒紫金瓶 500ml

53%vol 武陵酒VIP定制系列 500ml
兰天集团　原浆陆號

53%vol 武陵酒VIP定制系列 500ml
源亿建设

2017年中秋节历届领导及专家回厂游合影

53%vol 武陵酒工业游纪念 500g

第八章

兼香型　浓香型　米香型

20世纪80年代中期武陵牌三粮特酿（兼香型）

规　　格 I 高度　500g
厂　　名 I 湖南常德武陵酒厂
参考价格 I RMB　6,800

产品特征：

　　此款酒以高粱为原料，小麦高温大曲为糖化发酵剂，采用高温闷料、高比例用曲、高温堆积，三次投料，九轮发酵的工艺，精心酿制而成。具有芳香幽雅，酱浓谐调，醇厚绵甜，圆润爽净的特点。

20世纪80年代中期 高度 武陵牌三粮特酿 兼香型 500g

20世纪80年代中期武陵牌白龙井酒（兼香型）

规　　格 I 高度　500g

厂　　名 I 中国湖南常德市武陵酒厂

参考价格 I RMB　7,500

产品特征：

　　白龙井酒因厂区内有名胜古迹白龙井而得名，属兼香型白酒，具有浓、酱两种香型的特点，以优质高粱为原料，采用传统的固态酿造法，融合当代科学新技术酿制而成。浓酱谐调，醇甜细腻，芳香幽雅，回味悠长。

20世纪80年代中期 38%vol 武陵牌白龙井酒 兼香型 500g

20世纪80年代中期白龙井酒（兼香型）

规　　格 I 高度　500g
厂　　名 I 湖南常德市武陵酒厂
参考价格 I RMB　8,000

相关记事：

白龙井酒于 1983 年试制，1984 年获湖南省优秀新产品奖，并列为 1985 年湖南省科委科技推广项目。

1985 年 5 月，白龙井酒荣获湖南省省优产品称号。

1986 年 2 月，白龙井酒荣获湖南省名、优、特、新食品质量大赛"芙蓉奖"及科技进步奖。

20世纪80年代中期高度 白龙井酒 兼香型 500g

20世纪80年代后期白龙井牌白龙井酒（兼香型）

规　　　格 I 高度　500g

厂　　　名 I 湖南常德市武陵酒厂

参考价格 I RMB　6,000

20世纪80年代后期高度 白龙井牌白龙井酒 兼香型 500g

1993年白龙井牌白龙井酒（兼香型）

规　　格 l 38%vol　480ml 250ml
厂　　名 l 中国湖南常德市武陵酒厂
参考价格 l RMB　500　300

38%vol 白龙井 兼香型 250ml

1993年 38%vol 白龙井牌白龙井酒 兼香型 480ml

武陵飘香

白 龙 井 酒

　　白龍井酒屬兼香型麯酒，因以廠內古迹"白龍井"泉水研製而得名。1984年獲省科委優秀新產品獎，1986年榮獲省優質產品稱號，幷獲省名優特新食品"芙蓉獎"及科技進步獎，係湖南省十大名酒之一，產品具有濃頭醬尾、清徹透明、醇厚綿甜、回味悠長之特點。

BAI LONG JING WINE

　　BAI LONG JING WINE is a hard liquor made with the best yeast sorghum and the spring water in BAI LONG WELL (White Dragon Well) in the factory. It is tabelled as one of the 10 best wines in Hunan Provice and has a rich and aromatic flavor with a pleasant aftertaste, appearing clan and translucent. It was awarded the excellent newly-developed product by Hunan Provincial Scientific & Technological Committee, Lotus Award for the famous Newly-Developed Foodstuff in Hunan and the Awand for advanced development in science & technology in Hunan.

1993年国魂酒（兼香型）

规　　格 I 50%vol　500ml
厂　　名 I 湖南常德酿酒集团工业公司武陵酒厂
参考价格 I RMB　3,800

产品特征：

　　浓酱谐调，醇厚丰满，细腻幽雅，饮后倍感温馨舒畅，余香不息。堪称"国魂"，驰名华夏。

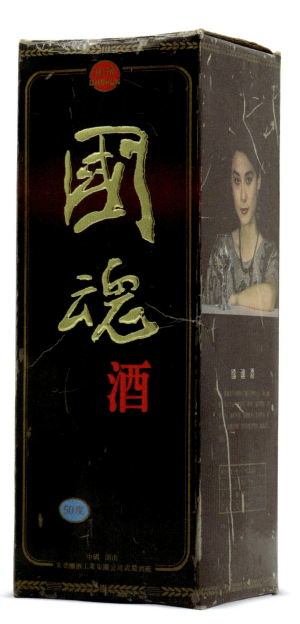

1993年 50%vol 国魂酒 兼香型 500ml

2009年芙蓉国色窖藏6年武陵酒（兼香型）

规　　格 | 52%vol　500ml
厂　　名 | 湖南武陵酒有限公司

产品特征：

　　此款芙蓉国色窖藏 6 年武陵酒，中国红衬托的陶瓷白瓶身，典雅清新之风与喜庆激越之情，自然流露。其基于窖藏六年以上的珍贵酒质，经由名师精心勾调，绵厚甘甜，浓酱谐调，圆润怡长，是为雅俗共赏之佳品。

2009年 52%vol 芙蓉国色窖藏6年武陵酒 兼香型 500ml

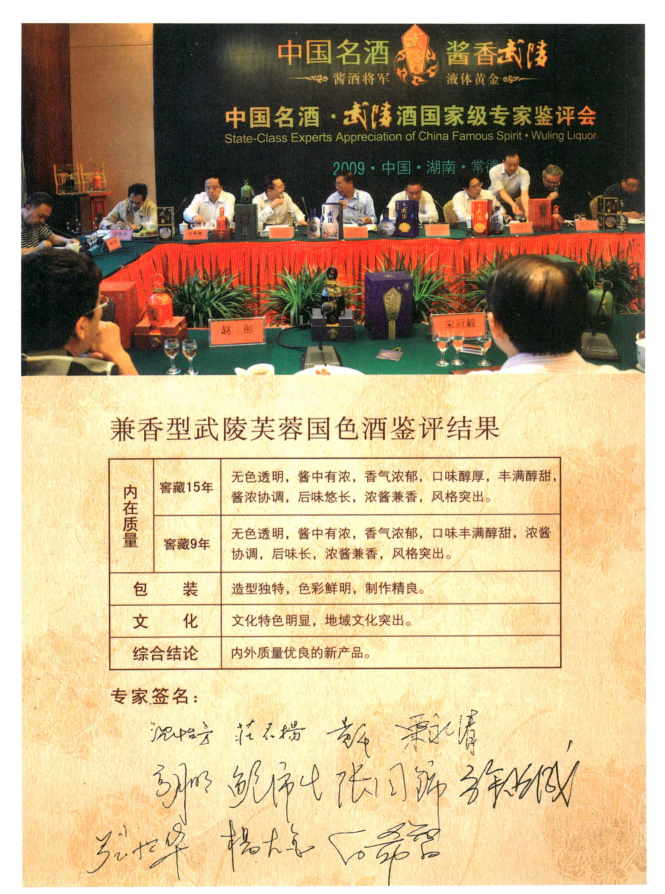

兼香型武陵芙蓉国色酒鉴评结果

内在质量	窖藏15年	无色透明，酱中有浓，香气浓郁，口味醇厚，丰满醇甜，酱浓协调，后味悠长，浓酱兼香，风格突出。
	窖藏9年	无色透明，酱中有浓，香气浓郁，口味丰满醇甜，浓酱协调，后味长，浓酱兼香，风格突出。
包　装		造型独特，色彩鲜明，制作精良。
文　化		文化特色明显，地域文化突出。
综合结论		内外质量优良的新产品。

专家签名：

2009年11月11日"兼香新贵·武陵芙蓉国色酒"上市鉴赏会在临澧县金帝大酒店举行
品鉴专家有：赵建华、沈怡方、高月明、栗永清、庄名扬、白希智、张世华、杨大金、沈才洪、鲍沛生、徐占成、张国锦

2010年武陵牌新时代藏品武陵酒（兼香型）

规　　格 l 46%vol　500ml

厂　　名 l 湖南省武陵酒有限公司

2010年 46%vol 武陵牌新时代藏品武陵酒 兼香型 500ml

2010年武陵牌新时代贡品武陵酒（兼香型）

规　　格 I 52%vol　500ml
厂　　名 I 中国湖南武陵酒有限公司

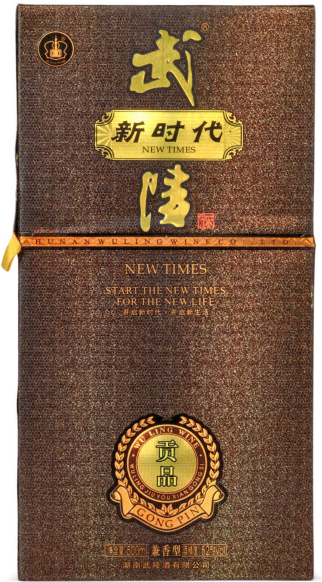

2010年 52%vol 武陵牌新时代贡品武陵酒 兼香型 500ml

2012年武陵牌洞庭飘香武陵酒（兼香型）

规　　格 | 46%vol　500ml

厂　　名 | 湖南省武陵酒有限公司

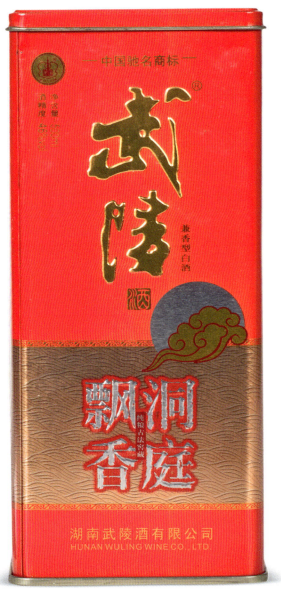

2012年 46%vol 武陵牌洞庭飘香武陵酒 兼香型 500ml

2014年武陵牌芙蓉国色蓝芙蓉武陵酒（兼香型）

规　　格 I 52%vol　500ml

厂　　名 I 湖南省武陵酒有限公司

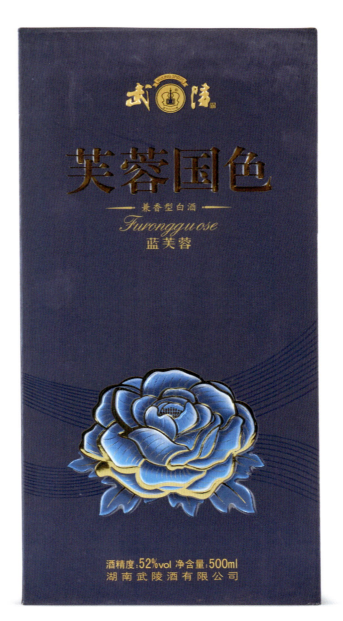

2014年 52%vol 武陵牌芙蓉国色蓝芙蓉武陵酒 兼香型 500ml

2016年武陵牌和气生财武陵酒（兼香型）

规　　格 I 52%vol　500ml

厂　　名 I 湖南省武陵酒有限公司

2016年 52%vol 武陵牌和气生财武陵酒 兼香型 500ml

2022年武陵牌洞庭春色武陵酒（兼香型）

规　　格 ∣ 50.9％vol　500ml

厂　　名 ∣ 中国湖南武陵酒有限公司

2022年 50.9％vol 武陵牌洞庭春色武陵酒 兼香型 500ml

20世纪80年代中后期武陵牌武陵大曲（浓香型）

规　　　格 I 高度　500g
厂　　　名 I 湖南省常德市武陵酒厂
参考价格 I RMB　5,000

产品特征：

 20世纪80年代中期，武陵大曲酒成功问世。此款酒为浓香型，酒液清亮透明，窖香浓郁，绵甜可口，后味爽净，回味悠长，具有陈浓为主体的复合香气特点。

20世纪80年代中后期高度 武陵牌武陵大曲 浓香型 500g

20世纪80年代中后期武陵牌武陵大曲（浓香型）

规　　格 I 高度　500g
厂　　名 I 湖南省常德市武陵酒厂
参考价格 I RMB　5,000

80年代后期高度武陵牌
武陵大曲 浓香型 125ml

相关记事：

1984 年，武陵大曲被评为本地区大曲酒类第一名。

1985 年 5 月，武陵大曲荣获"湖南省优质产品"称号。

20世纪80年代中后期高度 武陵牌武陵大曲 浓香型 500g

1993年武陵牌双瓶礼酒武陵液（浓香型）

规　　格 I 45%vol　500ml×2
厂　　名 I 湖南常德酿酒集团工业公司武陵酒厂
参考价格 I RMB　1,800

1993年 45%vol 武陵牌双瓶礼酒武陵液 浓香型 500ml×2

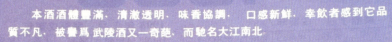

武陵液　WULING YE

本酒酒體豐滿、清澈透明、味香協調、口感新鮮，幸飲者感到它品質不凡、被譽為 武陵酒又一奇葩、而馳名大江南北

Wuling Ye, another wonder in the Wuling Wine's family, has already become well—known for its good quality. It is fully distilled. It looks crystalline in color. It tastes refreshing. And it smells invitingly fragrant.

WINE MAKING

常德釀酒工業集團公司
Changde wine-making Industry Group Company

武陵液宣传资料

1998年王牌五星武陵大曲（浓香型）

规　　格 l 48%vol　500ml

厂　　名 l 湖南湘泉集团武陵酒业有限公司

参考价格 l RMB　600

1998年 48%vol 王牌五星武陵大曲 浓香型 500ml

湖 南 湘 泉 集 团 武 陵 酒 业 有 限 公 司

企 业 简 介

湖南湘泉集团武陵酒业有限公司系国有股份制企业，前身是常德市武陵酒厂，酿酒历史渊远流长。公司地处德山经济开发区，东接石长铁路货站，紧邻319国道，西依德山森林公园，北靠沅江，西南15公里处是常德航空港(可停靠波音737客机)。公司占地面积11万平方米，建筑面积7万平方米，拥有员工700多名，其中工程技术人员200多名，是唯一能生产酱香、浓香、兼香三大系列名优白酒的酿酒企业，其中酱香型武陵酒在1988年第五届全国白酒质量评比中，荣获金奖，1997年武陵牌商标被评为"湖南驰名商标"。1998年度武陵牌武陵酒、武陵王酒再获湖南产品质量奖和湖南名牌产品称号。

公司生产的武陵牌武陵酒、武陵王酒以优质高粱为原料，采取凉堂堆积、七蒸八吊等独特工艺，承古遗之法结合现代科技酿造而成，并经分级贮存，精心勾兑后包装出厂。该产品呈无色透明或微黄色，具有酱香浓郁，优雅细腻，入口绵甜，回味悠长，饮后不打头的突出特点，常饮能调和腑脏，有益身心健康，博得了各界人士的一致好评，诚为宾宴上品。

作为享有三大酱香型白酒王牌美誉的武陵酒(53度V/V)，武陵王酒(48度V/V)，不仅品质优良，而且包装典雅，具有很高的鉴赏价值和收藏价值。江总书记来湘视察时，品尝武陵王酒后，连称好酒。

公司生产的武陵牌系列产品，均严格执行国家标准及相关标准，操作精细，屡获殊荣，屡得美誉。

地址:湖南省常德市德山中路

电话:0736 - 7312209
　　　　　 7316509

邮编:415001

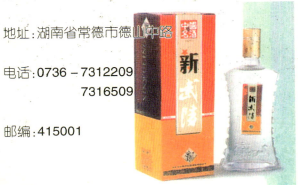

湖南湘泉集团武陵酒业有限公司相关介绍

1998年武陵牌新武陵酒（浓香型）

规　　格 I 52%vol　500ml

厂　　名 I 中国湖南武陵酒有限公司

参考价格 I RMB　700

1998年 52%vol 武陵牌新武陵酒 浓香型 500ml

1998年武陵老窖酒（浓香型）

规　　格 I 48%vol　480ml

厂　　名 I 湖南常德武陵酒业有限公司

参考价格 I RMB　500

1998年48%vol武陵老窖酒浓香型480ml

1999年武陵牌武陵醇（浓香型）

规　　格 | 48%vol　480ml

厂　　名 | 中国湖南常德武陵酒业有限公司

参考价格 | RMB　700

1999年 48%vol 武陵牌武陵醇 浓香型 480ml

2002年1月30日《湖南日报》刊登"武陵酒业的2001　唱红千年酒道"

2000年世纪经典五星2000武陵酒（浓香型）

规　　格 I 52%vol　450ml

厂　　名 I 中国湖南常德武陵酒业有限公司

参考价格 I RMB　900

2000年 52%vol 世纪经典五星2000武陵酒 浓香型 450ml

2001年武陵牌精酿武陵液（浓香型）

规　　格 I 52%vol　500ml
厂　　名 I 中国湖南常德武陵酒业有限公司
参考价格 I RMB　600

生产日期：2002年2月28日

2002年 46%vol 精酿武陵液 浓香型 500ml

2001年武陵牌神州奇酿陈酿武陵酒（浓香型）

规　　格 I 52%vol　500ml

厂　　名 I 中国湖南武陵酒有限公司

参考价格 I RMB　900

2001年 52%vol 武陵牌神州奇酿陈酿武陵酒 浓香型 500ml

2002年武陵牌武陵酒（浓香型）

规　　格 I 52%vol　500ml

厂　　名 I 中国湖南常德武陵酒业有限公司

参考价格 I RMB　750

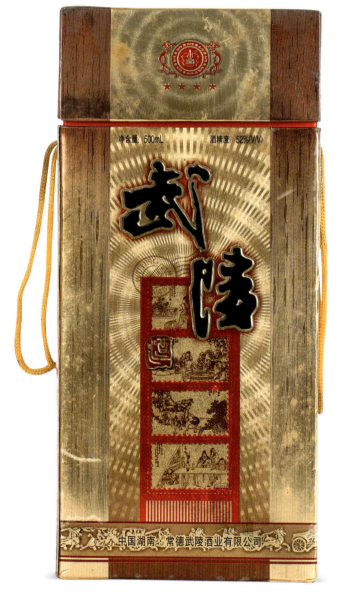

2002年 52%vol 武陵牌武陵酒 浓香型 500ml

2003年武陵牌武陵酒（浓香型）

规　　格 | 52%vol　500ml
厂　　名 | 湖南武陵酒有限公司
参考价格 | RMB　600

2003年 52%vol 武陵牌武陵酒 浓香型 500ml

2003年武陵牌骄子武陵酒（浓香型）

规　　格 I 48%vol　100ml

厂　　名 I 湖南常德市武陵有限公司

参考价格 I RMB　150

2003年 48%vol 武陵牌骄子武陵酒 浓香型 100ml

2004年武陵牌武陵春酒（浓香型）

规　　格 I 52%vol　500ml

厂　　名 I 中国湖南武陵酒有限公司

参考价格 I RMB　500

2004年 52%vol 武陵牌武陵春酒 浓香型 500ml

2004年武陵牌武陵酒（浓香型）

规　　格 | 52%vol　500ml
厂　　名 | 中国湖南武陵酒有限公司
参考价格 | RMB　600

生产日期：2004年6月16日

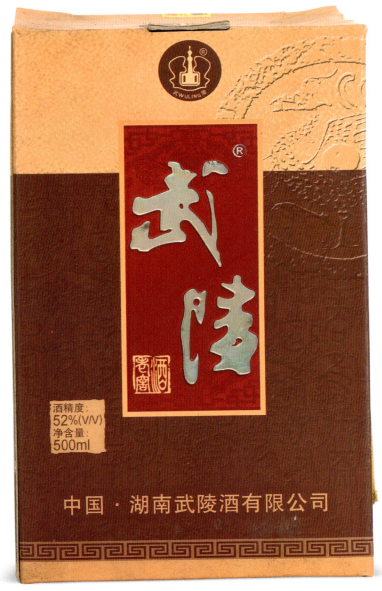

2004年 52%vol 武陵牌武陵酒 浓香型 500ml

2004年武陵牌武陵陈酿（浓香型）

规　　格 I 52%vol　500ml

厂　　名 I 中国湖南武陵酒有限公司

参考价格 I RMB　600

2004年 52%vol 武陵牌武陵陈酿 浓香型 500ml

2004年武陵牌武陵人家（浓香型）

规　　格 I 52%vol　500ml

厂　　名 I 中国湖南武陵酒有限公司

参考价格 I RMB　500

2004年武陵牌 52%vol 武陵人家 浓香型 500ml

2005年武陵牌武陵醇（浓香型）

规　　格 I 52%vol　500ml

厂　　名 I 中国湖南武陵酒有限公司

参考价格 I RMB　400

2005年 52%vol 武陵牌武陵醇 浓香型 500ml

2006年武陵牌泸武陵酒（浓香型）

规　　格 I 52%vol　500ml

厂　　名 I 中国湖南武陵酒有限公司

参考价格 I RMB　400

2006年4月18日

2006年4月18日52%vol 武陵牌泸武陵酒 浓香型 500ml

2006年武陵牌泸武陵酒（浓香型）

规　　格 | 52%vol　500ml
厂　　名 | 中国湖南武陵酒有限公司
参考价格 | RMB　600

2006年 52%vol 武陵牌泸武陵酒 浓香型 500ml

2006年武陵牌洞庭湖武陵酒（浓香型）

规　　格 I 52%vol　500ml

厂　　名 I 湘泉集团武陵酒业有限公司

参考价格 I RMB　600

2006年 52%vol 武陵牌洞庭湖 世纪之尊武陵新贵 浓香型 500ml

2007年武陵大曲精装武陵酒（浓香型）

规　　格 I 52%vol　500ml

厂　　名 I 中国湖南常德武陵酒业有限公司

参考价格 I RMB　500

2007年 52%vol 武陵大曲精装武陵酒 浓香型 500ml

2007年武陵牌武陵大曲武陵酒（浓香型）

规　　格 | 38%vol　500ml
厂　　名 | 中国湖南常德武陵酒业有限公司
参考价格 | RMB　500

2007年 38%vol 武陵牌武陵大曲武陵酒 浓香型 500ml

2008年武陵牌武陵陈酿武陵酒（浓香型）

规　　格 | 52%vol　500ml
厂　　名 | 中国湖南武陵酒有限公司
参考价格 | RMB　500

2008年 52%vol 武陵牌武陵陈酿武陵酒 浓香型 500ml

湖 南 武 陵 酒 营 销 有 限 公 司 秋 交 会 巡 礼

美酒出洞庭 春色满人间

黄阳辉

谁也料想不到，公元2002年，火拼到了极点的湖南白酒市场竟然又杀出一匹黑马，一款高档酒武陵牌"洞庭春色"迅速窜红。

评酒权威品尝后评价：其味直逼"五粮液"。

市长打电话问：怎么有人找我要"洞庭春色"酒？

商家奇怪：如今常德酒居然现款提不到现货。

"洞庭春色"是一款什么酒？为何如此受消费者青睐？

一个造型优美的圆型酒瓶内，一叶船帆在晶莹闪亮的佳酿里熠熠生辉，仿佛风光旖旎的洞庭湖美景尽收其中。庄重大方的外包装上，古代大文豪苏东坡亲笔手书《洞庭春色赋》令人遐想无边。美酒伴佳名，品位自此生。是谁彩绘了"春色满人间"？让我们把笔端指向西洞庭湖畔的酒乡常德，因为是受中国名酒武陵酒滋润的武陵酒业人再绘了秀丽的"洞庭春色"。

常德酿酒历史源远流长，酒文化堪称发达。9000多年前，澧县澄阳平原就开始种植稻谷。石门、慈利一带盛产高粱、玉米、稻谷、高粱、玉米均可饭可酿。进入青铜器时代，常德对用青铜器制作盛酒、饮酒器皿。津市将澧农场出土的一座商代墓葬中，存有铜爵、铜斛。春秋战国后，境内酒具从陶器、青铜器、发展玉、金、银和漆木器。西晋时桃源县酿酒法被贾思勰载入《齐民要术》。明嘉靖《常德府志》记有常德县闻沅婆潭，诗云："武陵溪畔莫婆潭，天上应无地下有，南来道士饮一斗，醉卧白云深深口"。清朝时，酿酒业愈趋发达。光绪24年，桃源县城邱氏槽坊年产黄酒45吨，境内各县城乡亦有黄酒出产。到民国时期，酿酒作坊已遍及常德城乡。

1952年至1988年，全国共进行五届大规模的评酒会。1979年全国第三届评酒会上，常德市酒厂（武陵酒业前身）生产的武陵酒获优质酒称号。1984年全国第四届评酒会上，武陵酒再次被评为国家优质酒。1989年全国第五届评酒会上，武陵酒以"得分最高"晋升为国家质量金质奖，跻身于中国名酒之列，为湖南省填补了食品金牌空白。

在如此源远流长润史的熏陶之下，"洞庭春色"成为白酒市场的一匹黑马其实不足为怪。

"洞庭春色"在北宋时诞生，公元1092年，宋安定郡王以太湖洞庭山上的黄柑为主料酿酒，名之曰"洞庭春色"。其侄子赵德麟是名贯古今的大文学家苏东坡的好友，赵

中国·湖南武陵酒营销有限公司董事长 钟广新

德麟将酒送东坡品尝，东坡品尝后评到"色香味三绝"。于是作诗并作赋，其中《洞庭春色赋》真迹现存吉林省博物馆，是一件稀世珍宝。

"洞庭春色"到底好在哪里？笔者前思后想，自觉怎么也是写不过堂堂苏东坡的。因此在这里我们不妨欣赏一遍苏东坡《洞庭春色赋》美文：吾闻桔中之乐，不减商山。岂霜余之不食？而羽者人者，游戏于其间。悟此世之沧如，即平生之一醉……

……譬上青铜制成的昏勺，铺起紫缎青桐，叫出鸣凤的上美洞款待客人。感谢公子的谦慨赠与，我有幸分享到了帝室宴酒的余滴。即使洗净酒杯，佳酿的色香味扰在，涤身的疲劳与麻术散发得一干二净……

常德古称武陵，西汉以高帝置郡都，东汉建武26年移治临沅，陶朗时代改武陵县治所在今武陵区。据清嘉庆《常德府志》载："常德八景：阳山叠翠、渐水澈明、白马雪涛、绿萝晴雨、陂砂浮赤、洲橘垂黄、芷泽春花、蠡潮秋月。"

项稅听品尝洞庭春色酒

……

绵甜爽净　清澈透明　窖香浓郁　香味谐调

洞庭春色酒

千年酒道 传世间 武陵

湖南武陵造营销有限公司

2009年武陵牌一帆风顺武陵酒（浓香型）

规　　格 | 52%vol　500ml
厂　　名 | 中国湖南武陵酒有限公司
参考价格 | RMB　500

2009年 52%vol 武陵牌一帆风顺武陵酒 浓香型 500ml

2003年8月29日《常德晚报》刊登的武陵酒广告

2012年洞庭春色武陵酒（浓香型）

规　　格 I 52%vol　500ml
厂　　名 I 中国湖南武陵酒有限公司
参考价格 I RMB　500

2012年 52%vol 洞庭春色武陵酒 浓香型 500ml

2013年武陵牌醇酿武陵酒（浓香型）

规　　格丨52%vol　500ml
厂　　名丨中国湖南武陵酒有限公司
参考价格丨RMB　500

2013年 52%vol 武陵牌醇酿武陵酒 浓香型 500ml

2013年武陵牌御宴武陵酒（浓香型）

规　　格 | 52%vol　500ml

厂　　名 | 中国湖南武陵酒有限公司

2013年 52%vol 武陵牌御宴武陵酒 浓香型 500ml

2013年武陵牌御宴15年武陵酒（浓香型）

规　　格 | 52%vol　500ml

厂　　名 | 中国湖南武陵酒有限公司

2013年 52%vol 武陵牌御宴15年武陵酒 浓香型 500ml

浓香型产品集锦

2007年 46%vol 武陵春色 500ml

2010年 52%vol 武陵人家酒 500ml

2006年 52%vol
武陵春酒 500ml

2009年 52%vol
武陵湘满人间 500ml

2009年 52%vol
武陵老窖酒 500ml

52%vol 武陵陈酿 500ml

42%vol 洞庭春色武陵酒 浓香型 500ml

20世纪80年代末期武陵牌大米大曲（米香型）

规　　格 I 高度　500g
厂　　名 I 湖南省常德市武陵酒厂
参考价格 I RMB　5,000

产品特征：

　　此款大米大曲酒以优质大米为原料，采用小麦曲块与麸曲等多菌种发酵酿制
而成。醇厚，绵甜，后味干净。

20世纪80年代末期高度 武陵牌大米大曲 米香型 500g

第九章

品质密码

四重品质密码

品质密码一：生态环境
常德的生态环境适合酿造好酱酒

大生态 / 神奇的北纬30°，是世界、也是中国的酿酒黄金带

神奇北纬30°：世界的名酒带

在神奇的北纬30°（上下5°）纬度线上，壮观如世界几大河流澎湃入海，悠久如四大文明古国往昔记忆，雄伟如高耸入云的珠穆朗玛峰，奇幻如海底深处的亚特兰蒂斯，神秘如远古金字塔的难解之谜，惊悚如百慕大三角的恐怖传说，自然奇观、文明遗址、离奇现象……不胜枚举。北纬30°也是著名的"世界名酒带"，孕育出众多令人叹为观止的醇香美酒，而世界上最好的酒也都出自这个地带。

神奇北纬30°：中国的酿酒黄金带

在东方的北纬30°上，诞生了白酒金三角、湘西、长江、淮河四大名酒带产区，这一带属于北亚热带和北暖温带的过渡区，气候温和湿润、水资源丰富、水质干净、土质优良、有益微量元素多样。不但适合种植酿造白酒使用的各种农作物，而且酿酒微生物也非常适宜在这一带生存，诞生了如武陵酒、古越龙山、酒鬼酒、茅台酒、郎酒、五粮液等众多知名酒业。

常德地处六大湿地之一
年平均温度17.4度，土壤有机质含量丰富

区域生态 / 湿地气候，造就"顶级品质"的武陵酒

酱酒在一年的酿造周期内，酿酒糟醅内的微生物，每个月都要和空气中的微生物进行频繁交互，才能发酵出更多独特的酒体风味。而微生物的产生和活跃度取决于产区内的温度、湿度……等诸多生态环境因素。

和茅台镇一样：常德具备酱酒酿造的典型生态环境

年平均温度对比中，茅台镇17°，常德17.4°，年最高温度对比中，茅台镇40°，常德42°；

两地都是夏季炎热，冬季温和，少见冰雪，无霜期长，温度变化大，湿度较大的气候环境，非常适合酿酒微生物的生长繁殖。

和茅台镇不一样的是：坐拥六大湿地产区之一，更潮湿更闷热，微生物资源更丰富

湿地对于酿酒所需的优质水源、空气、土壤、原料、微生物，都能够提供天然的完美范本。如湿地的土壤有机质含量丰富，特别适宜高温芽孢杆菌等微生物生长、发育、繁殖，才能赋予酱酒特有的风味。

沅澧水系

水质硬度低，色度小于5，浊度小于1，富含硒、锌等多种微量元素

区域生态 / 优质水源，造就"和而不同"的武陵酒

水为酒之血，不仅酱酒，所有香型的白酒酿造，对水源都有较高的要求。

和茅台镇一样：常德拥有丰富的矿物质水

常德地处长江中游洞庭湖水系、沅江下游和澧水中下游，具有丰富多样的水循环，在砂岩地貌层层过滤、吸收的作用下，带来丰富的矿物质水。

和茅台镇不一样的是：洞庭湖水的微量元素更丰富

常德地处湿地环境，背靠湘西北独特地貌，地质特征更加复杂，水源过滤系统更加多样，经过专业的水质检测显示，常德地区的水质硬度低，色度小于5，浊度小于1，富含硒、锌等多种微量元素，各项指标均优于普通酿造用水。

湘西北·砂岩地质地貌

红砂石表面多孔，易于富氧和吸附更多有益微生物

区域生态 / 砂岩地貌，红砂石窖池造就"独一无二"的武陵酒

"入池发酵"是酱酒酿造的重要工艺之一，是形成不同轮次风格的重要环节。

和茅台镇一样：常德有相同的砂岩地质

土壤酸碱适度适宜，具有丰富的 CN 物质及微量元素，是微生物生长的天然培养基；土壤中砂石和砾石含量高，土质松软，孔隙度大，具有良好的渗透性；特别适宜微生物的长期栖息和微生物群落的多样化演替。

和茅台镇不一样的是：武陵酒采用本地红砂石，茅台镇采用青条石

红砂石表面多孔，易于富集和吸附更多有益微生物，能使糟醅发酵更完全。

而茅台镇使用当地的青条石，其密度高，表面光滑，无微孔，不利于富集和吸附微生物。

硅·钙氧化铁	2.46	0.169
红砂石主要成分	红砂石天然密度	红砂石孔隙率

崔婆井

武陵酿酒遗址，被列为省级文物保护单位，传为宋代所凿。

微生态 / 优质水源，造就"不可复制"的武陵酒

常德酿酒历史悠久，注入名酒基因

湖南常德的酿酒历史源远流长，自城头山发掘 6500 年前先民酿酒的水稻与酿酒器皿，到《桃花源记》中设酒杀鸡作食为乐，再到武陵崔家酒的汲水井浮现，最后到酿酒巨作《北山酒经》中神仙酒法的详细记载，常德千年不断的酒文化与酿酒传承，为武陵酒的"名酒基因"注入历史底蕴。

微生物种群持续衍化，成就名酒风格

一个地区的酿酒历史越长，各种微生物经过长期遗传、变异、消长和衍化，会让这个地区内聚集更多的微生物种群，形成独特的微生物小环境，会给当地积累、创造更好的酿酒条件。

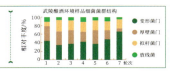

中科院生态环境研究中心与北京联合大学对武陵酒生产的环境、糟醅、曲药、窖泥等进行取样，发现微生物菌群与茅台镇大多相似，微生物有329种，其中，细菌有134种、酵母有59种、霉菌98种、放线菌38种。
意外的是，此次分离筛选出了3株在我国未见报道的酒曲微生物。这些微生物可能与常德特定的环境有关，也可能是产生武陵酒独特风格的功能菌。

小结 / 出了赤水河，还能酿好酱酒吗？
答案"是，但只有顶级的生态环境，才能酿造顶级的酱酒品质"。

走得出赤水河，走不出北纬30°

常德市位于北纬29°左右，茅台镇位于北纬27°左右，都属于北纬30°黄金酿酒带。而在中国版图上，两大酱酒产区所在的湖南省与贵州省，两地相隔700公里之遥，却依然位于北纬30°黄金酿酒带附近，那么，酿酒所需的温度，湿度，日照，风力，降水量，乃至富集的微生物种类，自然高度相似。

只有顶级生态环境，才能酿造顶级酱酒

武陵酒产自西洞庭湖湿地，作为地球生物多样性最集中的区域，具有暖湿多雨，更潮湿，更闷热的特点。只有这样的顶级生态环境，才能酿造顶级的酱酒品质，成就中国三大酱香名酒之一，而业内"出了赤水河酿不出好酱酒"的说法也就不攻自破。

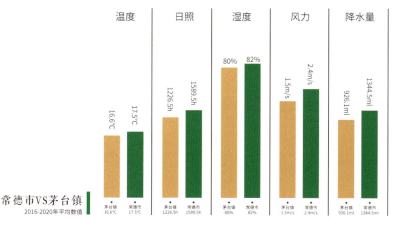

常德市VS茅台镇
2016-2020年平均数值

品质密码二：酿造工艺
酿造工艺创新决定武陵酒风格、品质

和茅台镇一样：四高三长，一年为一个大的生产周期

传统茅台镇酿造工艺，一年为一个大的生产周期。两次投料，每一批原料须经过九次蒸煮、八次堆积发酵、八次入池发酵、七次分级取酒，整个过程历时整整一年，方成原酒。

其工艺特点总结为"四高三长"，武陵酒的酿造工艺按照"四高三长"酿制，保证酱香白酒的典型风格与基本品质。

"四高"：高温制曲、高温堆积、高温发酵、高温馏酒。

"三长"：制曲时间长，六个月以上；生产周期长，一年的发酵周期；自然老熟时间长，五年以上的储存期。

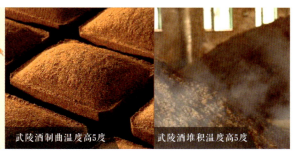

武陵酒粮曲比例高10%　　武陵酒制曲温度高5度　　武陵酒堆积温度高5度

和茅台镇不一样的是：武陵酒在酿造系统的每一个关键点做了创新性改良

武陵酒为什么名贵焦香？

与茅台镇的制曲温度相比，武陵酒高 5°

　　武陵酒高温制曲温度比茅台镇高 5°，丰富了耐高温产香的微生物体系，起到增香、生成更多风味物质的作用，使武陵酒带有名贵焦香。

传统酱酒制曲温度　　武陵酒制曲温度

与茅台镇的粮曲比例相比，武陵酒高 10%

　　武陵酒使用的高粱与曲药的比例比茅台镇高 10%，使武陵酒的焦香更突出。

传统酱酒粮曲比例　　武陵酒粮曲比例

与茅台镇的堆积温度相比，武陵酒高 5°

　　武陵酒的高温堆积比茅台镇高 5°，能够全面网罗自然环境中的微生物，使武陵酒的焦香更突出。

传统酱酒堆积温度　　武陵酒堆积温度

武陵酒为什么纯净？

与茅台镇的润粮工艺相比，整粒泡粮，高粱干净

武陵酒采用"整植泡粮"工艺，相当于为高粱泡了一个澡，洗去表面灰尘，从而获得干净原粮，而往往传统润粮工艺带来更多的是土腥味。

传统润粮工艺（打湿红粮）　　整粒泡粮工艺（为高粱泡澡）

与茅台镇的润粮工艺相比，整粒泡粮，祛除单宁

武陵酒采用"整粒泡粮"工艺，有利于排出高粱中的部分单宁，最终使得使武陵酒的酸涩味降低到 2.2gL，而茅台的酸涩度为 2.6g/L。

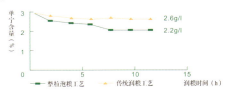

与茅台镇的酿造水源相比，武陵酒水质纯净

国家生活用水标准	武陵生产用水标准	整体优于国家标准
PH 值：6.5～8.5	PH 值：6.8～7.2	
硬度：≤ 450mg/L	硬度：≤ 250mg/L	
色度：小于 15	色度：小于 5	
浊度：小于 3	浊度：小于 1	

品质密码三：调酒储酒
细调长存决定武陵酒口感柔和、体感舒适

武陵酒为什么柔和？

和茅台镇一样：取酒轮次多

"分层取酒"将 1～7 轮次的基酒，按照窖池位置分为上层、中层和下层进行分层取酒、储存，上层酱香，占比 25%，中层醇甜，占比 50%，下层窖香，占比 25%。

"分级取酒"将 1～7 轮次不同分层的酒体按照：调味、特级、优级、普级共四个等级进行分级取酒、储存。保证原酒的丰富性，达到口感的丰满度。

武陵酒在储存期间，基酒进行两次盘勾

第一次盘勾：新酒入库储存 1 年后，按照同轮次、同等级、同层次（香型）合并，再储存 2 年，使酒体更协调，口感更平衡。

第二次盘勾：将不同轮次、不同层次（香型）、同级别合并，再储存 2 年，使酒体自然老熟，口感更柔和，才可进入勾调程序。

在此基础上，还需边存边调：新酒储存一年后进行第一次盘勾，再储存两年后进行第二次盘勾，出厂前进行一次勾调，即一边储存一边勾调，使分子间重新排列组合、补充、协调、平衡，最终实现柔和的品质。

超长存储 5+1+1+1(3)

传统酱酒储存时间为 5 年，武陵酒坚持更长的 6 年储存，分产品线采取 1 年瓶储 /3 个月瓶储，保持 1+1 罐的传统，每组合一批酒都使用至少 20% 的上批次酒，使得母酒连续不断，延续老酒精髓。

武陵酒美酒储存公式：5+1+1+1(3)
5 代表 5 年陶坛存储时间。 1 代表 1 年基酒酿造时间。
1 代表 1+1 罐，延续使用上批次 20% 的母酒。
1(3) 代表分产品线采取 1 年瓶储 /3 个月瓶储。（如上酱及武陵王保持 1 年以上瓶储，武陵酒其他产品保持 3 个月以上瓶储。）

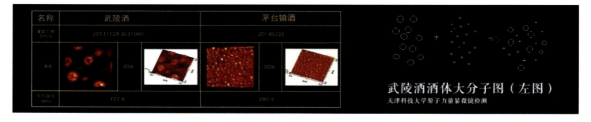

武陵酒酒体大分子图（左图）
天津科技大学原子力量显微镜检测

大分子团更柔和

经过超长时间存储的武陵酒，实质是一种溶胶，而不是水和酒精"抱团"的溶液。在饮酒时，溶胶状的大分子团像一个个缓释胶囊，会逐步地释放酒分子，带来轻松的体感。

饮时不伤身

大分子聚合物在人体内的释放是缓慢进行的，这种缓释作用使肝脏有更长的时间分解酒精，避免肝脏在短时间遭受大量的酒分子冲击，从而起到保肝、护肝的作用。

饮后不头疼

大分子聚合物不容易穿越脑血屏障，武陵酒的分子直径约 720 纳米，而茅台酒约为 280 纳米，人的体感是消化系统与酒分子交换的过程，酒分子分子直径大，吸收就越慢，且由于人体的头部毛细血管极为纤细，酒分子直径越大，就越不容易通过头部的毛细血管，不会对脑部神经造成刺激。所以，喝武陵酒浑身舒坦，不上头，不头疼。

醒后无负担

大分子聚合物在人体内的分解也是缓慢进行的，使更多比例的酒精通过呼吸、排汗等方式排出，减轻肝脏压力，减少对身体机能的过度消耗。所以，喝武陵酒，轻松无负担。

总结

武陵酒坐拥顶级的湿地产区，敢于工艺创新，使得酒体风格区别于传统酱香，凸显出"名贵焦香，纯净柔和"的特点。消费者饮后反馈"体感轻松、舒适性极高"，有着"饮时不伤身，饮后不头疼，醒后无负担"的极致饮酒体验之说。

品质密码四：质量管理
四级尝评质量管理决定品质稳定、持续

技术部尝评员尝评

尝评委员会尝评

消费者体感尝评

成品出厂前尝评

四级尝评

和茅台镇一样：设立技术部尝评员、尝评委员会尝评

在酱酒行业只有：技术部尝评员，尝评委员会尝评，这种只能满足基本的风味判断。

和茅台镇不一样的是：武陵酒增加消费者体感尝评、成品出厂前尝评

武陵酒首创四级尝评制度，增加消费者体感尝评、成品出厂前尝评，真正还原消费者的真实饮酒体验，从而保证酒质的稳定性、一致。

技术部尝评员尝评 保证 6 人以上，尝评员共同确定"设计的酒体小样"，需对比尝评口感超过对比样。

尝评委员会尝评 保证 20 人，尝评委员会将"新酒体与对比样尝评"，尝评结果高于对比样方可通过。

消费者体感尝评 保证测试者 1000 人以上，大样灌装后进行"消费者破坏性测试"，需酒量 3 两以上，无头疼达标 98%。

成品出厂前尝评 进行瓶储后，由公司尝评员进行专业的口感鉴定，"满瓶储期后的酒超过对比样"，再通过"四级尝评"，才出厂供消费者使用。

酱酒健康

健康无添加

酱酒因其香味物质的丰富性，无法人工添加，只能依靠纯粮固态发酵，产生酱酒的独有香味物质，所以原粮酿造不易造假。

健康成分多

酱酒中存在 SOD 和金属硫蛋白等物质。其中 SOD 是氧自由基专一清扫剂，主要功能是清除体内多余的自由基，
抗肿瘤、抗疲劳、抗病毒、抗衰老的作用明显。同时酱酒还能诱导肝脏产生金属硫蛋白，金属硫蛋白的功效又比 SOD 强多了。
金属硫蛋白对肝脏的星状细胞起到抑制作用，使之不分离胶体纤维，有利于保护肝脏。

有害物质少

酿酒过程中会产生一些醛类和硫化物等低沸点杂质，而高温蒸酒的特殊工艺，能最大限度地排除这些低沸点、易挥发的有害物质，
避免了对人体的刺激。

总结 / 酱酒有生命，并持续生长

好酒应该有生命，酿造的结束恰恰是生命的开始。一瓶好的酱酒，无论以什么形态，无论在什么状态，都在不断生长。

形态变化，是物质的不断修炼，取其精华

高粱经过糊化、糖化，最终发酵为酒液，是一种生命形态到另一种生命形态的修炼。

分子变化，是物质的不断升级，精益求精

高粱中的淀粉、蛋白质、纤维素，在微生物作用下水解为葡萄糖，再由酵母发酵生成酒精，分子结构类型逐渐多样、愈加复杂，这
是物质从初级到高级的升级。

酒体变化，是物质的不断变换，日积月累

酱酒颜色从无色透明到微黄再到琥珀黄，酱酒香味从粮香到陈香，酱酒口感从纯净到丰满，这是时间的光芒，更长的储存时间，更
复杂的生物化学反应，酱酒口感从纯净到柔和，这是岁月的魔力。

年份区别	颜色变化	颜色变化原因	香味	口感
新酒	无色	按照传统酱酒12987酿造，新酒无色透明	粮香、焦香	更纯净 更爽冽
3年酒体	微黄	在新酒储存过程中，酒体发生糖酵解反应，产生联酮类化合物，使酒体逐渐呈现微黄色。	酱香、焦香	更柔和
5年酒体	琥珀黄	随着储存时间增加，糖酵解反应越多，产生联酮类化合物越多，使酒体颜色由微黄色变为琥珀黄。	陈香、焦香	更丰满

武陵地下酒窖

2543个酒坛群组成的"黄金酒窖"

武陵酒地下酒窖外景

专注高端酱酒50年封坛酒

庆祖国生日"建国70周年"封坛酒

每一坛专属的身份证

2012年首发元帅酒体封坛

不同规格形态的封坛酒

武陵酿造工艺"12987"——高温堆积、高温发酵

武陵酿造工艺"12987"——糟醅上甑、摊晾、翻拌、封窖

1～7轮次取酒中，糟醅摊晾、翻拌场景

春天"3、4、5"黄金轮次取酒场景

包装车间

武陵酒包装检测7步法：洗瓶—灌装—上盖—灯检—装盒—喷码—贴标—装箱

质检车间

武陵酒拥有现代化质检设备：近红外光谱仪、CMS-QP2010SE气质联用仪、GC8890气相色谱仪

武陵酒文化博物馆

酒博物馆远景

四级尝评制度标准

武陵酒窖池材质（红砂石）

沅澧水系优于普遍酿造用水指标

武陵酒原料选材（糯红高粱）

70°的高温曲药

酿酒粮曲比例1：1：1

高温堆积风干糟醅形态

武陵酒品牌推广之一

2017年，首届"武陵酒之夜"——"月桂花香，诗酒年华"活动现场图

2018年，第二届"武陵酒之夜"——"唱响传奇，创造美好"明星演唱会现场图

2019年9月21日，庆祖国七十周年暨"武陵酒·启行·筑梦"新厂启动仪式现场图

2019年11月10日，常德柳叶湖国际马拉松赛——武陵跑团现场图

担当联盟系列活动集锦

终端商会议系列集锦

2020年5月，"武陵酒和他的朋友们"活动现场图

2020年5月，武陵酒传承人拜师仪式

2020年5月19日上午，总投资30亿元的武陵酒新厂建设项目开工仪式在常德经开区举行

2020年8月，武陵酒"王的盛宴"活动现场图

2021年6月，"武陵酒之夜——武陵王粉丝盛典"活动现场图

好匠人

自1972年武陵初酿，
横跨半世纪仍熠熠生辉。
行业领先的五大国评，
深耕酿造与品评硬核实力。
他们以科学理性酿酒，
提升一瓶酱酒的美好体验；
他们以传承创新酿酒，
丰富一瓶酱酒的品质表达；
他们以人文精神酿酒，
赋予一瓶酱酒的时代之美。

第十章

以文化为核心的未来发展战略

武陵酒未来发展规模

建设酱酒特色产区

【新厂建设启动】

2020年5月,占地面积500亩的"武陵酒酿酒技改基地"正式启动建设,项目总投资15亿元,规划用地500亩,总建筑面积27万多平方米。

【产能储能提升】

2021年9月,武陵酒新厂一期顺利建成投产,新厂设有10栋酿酒车间,共1120口窖池,年产酱酒可达6600吨,全部建成后可达9000吨;新厂陶坛库共90000只陶坛,储酒能力可达45000吨,半成品库容量可达180万瓶;将升级打造成为中国特色酱酒产区。

武陵酒模式

需求导向短链

厂商F　　　终端B　　　用户C

有价值 创新短链销售模式

短链模式

武陵酒坚持直达终端的短链销售模式,一种是强关系的客户直达模式,一种是利益分享的终端直达模式,让消费者可以花更少的钱买更好的酒,让销售终端可以得到更多的利润,真正做到了买酒的、卖酒的和做酒的三赢。打破了以往白酒销售中间环节多、价格不透明的"营销怪圈"。

快捷高效

短链模式的整个销售渠道只有三个环节:厂商、终端、客户,没有中间经销商进行分销,公司直接面向终端代理商、大客户、电商等进行销售,使厂家与终端、客户之间的沟通更快捷、高效。

盈利向好

短链模式使原有酒业价值链的利润提高,可以重新再分配,也就意味着原来在中间管理层消耗掉的30%—40%利益,一部分可以分配给消费者与终端商,且坚决不压货、不要批发商,只选对的终端合作。

有未来 走出湖南 走向全国

2015-2018
立足常德
夯实基础

在大本营常德实施直控终端的短链模式,实现每年复合增长40%,从1个亿规模到5个亿,完成第一个五年计划。

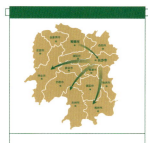

2018-2020
深耕长沙
布局湖南

从关注渠道到更加关注用户,全新升级用户体验,实现"站长沙,战长沙,占长沙"三级跳,加速布局省内市场。

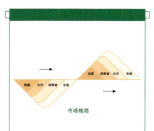

2020 ——
省外扩张
区外精耕

开启"区外精耕,省外扩张,走向全国"的征途,新厂着眼于酒业发展的长远规划,进一步提升武陵酒厂酿造实力,做强做大企业品牌。

匠人酱心

鲍沛生

武陵酒之父、国家级酿酒大师，
专注高端酱酒酿造 50 余年。
1972 年，独创出名贵焦香的武陵酱香。

王于广

酿造部经理，高级酿酒师，
武陵酒传统技艺非遗传承人，从事酿造工作 37 年。
十年如一日的坚持看、闻、捏，尝糟醅，
练就一身"一看糟醅形态就必须知道出酒率"的本领。

周家国

酿造部副经理，连续写了 30 多年的生产笔记，摞起来足有一米多厚，并荣获"2018 年常德市劳动模范和先进工作者"称号，在新厂投产之际，周家国前往一线指导新兵，将他的半生技艺与智慧传授给下一代。

调酒大师
MASTER BLENDER

陈家好

现任武陵酒技术研发部经理，
获国家级白酒评委，高级工程师，
从事白酒工作 30 年，致力于为消费者提供更好的产品，
相继开发出武陵少酱、中酱、上酱及元帅等经典产品。

张福艳

现任武陵酒技术总监，国家级白酒评委，正高级工程师，
从事白酒工作 25 年，曾承担国家重点研发计划子课题 1 项、
省科技计划项目 2 项、市科技计划项目 1 项，
致力于从技术上不断改进和提高酒体品质。

王贵军

现任武陵酒生产总监，
获国家级白酒评委，高级技师，
从事白酒工作 12 年，秉承将传统的酿造工艺，
不断地数据化与标准化，保证武陵酒的品质如一。

黄丽娟

现任武陵酒技术研发部尝评员，获国家级白酒评委，
高级技师，从事白酒工作 12 年，
致力于武陵酒的品评和勾调，
为武陵酒的酒体质量保驾护航。

吴若薇

现任武陵酒技术研发部尝评员，获国家级白酒评委，
从事白酒工作 10 年，
不断磨练味觉和嗅觉的灵敏度，
追求将产品做到极致。

武陵酒新厂

大门远景

牌匾

动力车间

地标打卡

四、五车间入口

酿造场景

中国最大酱香白酒单体酿造车间

1—7轮次酒体风格鉴赏展示

武陵酒首届中国名酒节封坛集锦

武陵酒新厂核心中央窖藏区

武陵酒品牌推广之二

2021年9月9日，湖南武陵酒有限公司新厂投产及武陵酒下沙举行庆典

"同心共筑，美好酱来"——武陵酒2022年合作伙伴交流会

2022年"50年杯酒话时光"活动集锦

2022年9月9日"以匠心，敬卓越——武陵酒一期整体建成暨产能5000吨下沙大典"举行

以匠心 敬卓越
武陵酒一期建成暨产能5000吨下沙大典

2022年9月9日武陵酒新厂封坛仪式

2022年11月5日由中国酒业协会名酒收藏委员会主办的"鉴名酒 见未来"十七大名酒专场鉴定走进武陵系列活动在湖南常德武陵酒厂隆重举行。收藏大咖、行业名家齐聚武陵酒厂，共同探讨武陵陈年酒的时间价值与品质魅力，推动陈年酒消费市场与收藏市场的健康、繁荣以及可持续发展

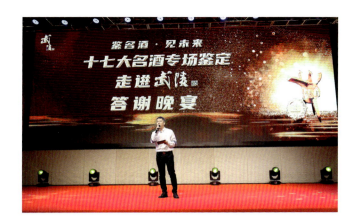

"鉴名酒 见未来"十七大名酒专场鉴定走进武陵答谢晚宴

2022年"从心遇见·向上而生"琥珀上市活动

2023年武陵酒省外品牌发布会

2023年5月9日湖南首届中国名酒节暨武陵酒超级品牌日

2023年8月27日第三十四期中国陈年白酒鉴定师培训班在长沙开班

2023年9月8日桃花源里 美好武陵——2023年武陵酒粉丝节暨下沙大典

2024年2月22日，终端答谢会暨沅澧臻酿上市发布会

2023～2024年德品三湘行

湖南武陵酒有限公司与湖南粮油食品进出口集团战略合作签约仪式

湖南永通集团董事长蒋宗平、武陵酒品牌推广大使吴远明先生参观考察武陵酒厂

2024年5月9～11日武陵酒在常德大小河街举办了第二届湖南中国名酒节&武陵酒超级品牌日活动

2024年5月9日武陵酒图志作为地方性酿酒文化史料捐赠至常德档案馆

2024年6月摩尔多瓦共产党人参观武陵酒厂

2024年6月'洪水无情，武陵有情'武陵酒捐赠爱心物质送至常德县城千家万户

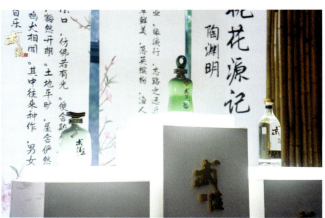

2024年6月武陵酒诚邀人民当代作家，湖南省作家协会主席王跃文，共同举办了读书会分享活动

2024年6月武陵酒山东青岛担当联盟大会召开

2024年7月22日中国十大名酒专家评委，再评武陵

现场参与的有：国家级酿造大师、国家级白酒评委、著名白酒专家、第五届全国白酒评酒评委为主
第一排（从左至右）张武举　韩印　胡义明　鲍沛生　王贵玉　吴晓萍　高军　赵志昌　李净

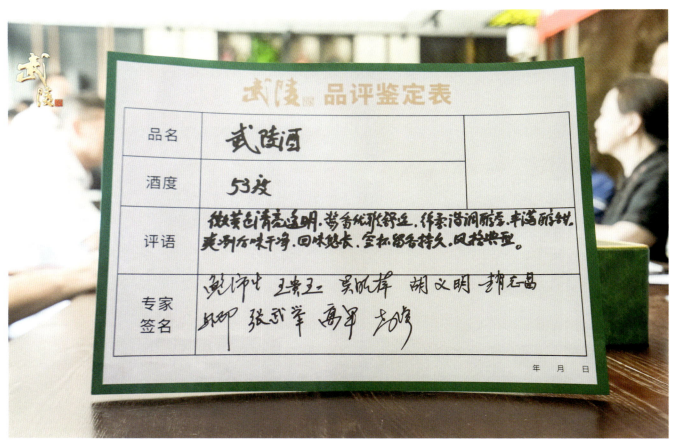

微黄色清亮透明，酱香优雅舒适，绵柔谐调醇厚，丰满醇甜，爽冽后味干净，回味悠长，空杯留香持久，风格典型

2024年7月23日武陵酒"千年酿酒史暨桃花源文化研讨会"

2024年9月"桃花源里，共创美好"活动

2024年9月8日"武陵酒之父"鲍沛生&大师酒上市

2024年9月9日武陵酒下沙及粉丝节活动

2024年9月9日武陵酒下沙暨粉丝节活动

2024年9月武陵酒老厂地标打卡点

2024年10月武陵酒音乐节

企业文化

使命
传承千年匠心 酿造美好生活

愿景
打造中国白酒一流企业

核心价值观
老老实实做人 清清白白做事 干干净净做酒 红红火火创业

企业精神
团结实干 创新争先

1 目标导向、说到做到 2 风清才能气正,气正才能心齐	3 对效果负责,不是对结果负责 4 有始有终,一跟到底
八大理念	
5 不要抱怨,而是解决 6 诚实才能成事	7 对事不对人 8 有效沟通、画面一致

八项要求

目标导向、说到做到

指武陵人要有强烈的目标感，引导行为完成目标。做事围绕目标开展，并设定清晰的行动计划和方案，最终促使目标达成。

风清才能气正，气正才能心齐

管理者率先垂范，积极引导员工做正确的事，积极引导舆论；骨干层带头蔚然成风，开展思想工作做少数人从众；员工积极响应，正确的做事则事成。所谓风清则气正，气正则心齐，心齐则事成。

对效果负责，不是对结果负责

效果 = 效能（做正的事）* 效率（用正确的方式做事），即做事的方向要正确，目标要明确，然后采取正确的方法、策略、措施等做事情，则事半功倍。对目的负责，而不是对目标负责；完成目标数，不等于效果达到了。效果是更好的结果，是可以创造价值的结果。

有始有终，一跟到底

初心易得始终难守，要有说到就要做到的能力，是团队信任的基础；始：开始很重要，方向要正确；终：就是目的和效果；跟：怎么跟，要有行动计划，方案了；底：要闭环管。善始善终，闭不管理。用效果做评价。

不要抱怨，而是解决

不抱怨：有人负责你配合，没人负责你负责。不能只看别人的问题，而没有从自身方面找原因。解决：要主要去承担，敢于担当去解决问题，在不确定中做英雄而不是受害者。

诚实才能成事

诚实是做人之本、成事之根。做人要表里如一、不弄虚作假、减少猜测、提高效率；做事要说到做到，承诺的要兑现。

对事不对人

在做事情时没有偏袒、针对、歧视、侮辱，换了其他人也会采取同样的措施、说同样的话。归根到底就是对什么负责？是为目的负责，衡量的标准是"事"，而不是"人"。对事要负责，对人不贴标签。不因当事人的职位、关系而受影响，在公司管理上发生相同事务的处理中，因人的不同面产生不同标准并区别对待的情况。

有效沟通、画面一致

首先准确理解公司决策政策、共识清楚目的和问题，化解矛盾、提升工作效率。其次要换位思考，目的上要保持一致。与之对立的是：不懂装懂，不理解装理解，不认同装认同。

做酒理念

把消费者需求当做信仰

1.真实愉悦的饮酒体验

从消费者的"四感"出发，根据人体的感官系统与接受习惯，还原人体的真实感受，层次分明，结构严谨的香味与味道组成，产生学术上定义的"味觉的相互作用"，产生重叠之象与先后顺序的美妙，感受香气和滋味在口腔中转变，获得饱满而有前后、滑重而有深浅的愉悦。

2.完整美好的饮酒体验

武陵酒的包装设计精选国际与国内的顶级设计公司，产品设计独到，包装材质选用考究，无论是观感、手感都极其舒适。再加上更人性化的开启方式，更符合人体工学设计的瓶体造型，体验感完整流畅，一气呵成。

3.健康安全的饮酒体验

除了酱酒具备的健康特质，武陵酒通过更高、更精准的高温控制、更复杂精细的勾调、更长的储酒时间等工艺环节的创新，保证了更健康的酒体。并从生产器具、装酒容器等各种硬件上保证消费者的食品健康。

把酿造当做信仰

1.坚持自酿细调

保证自酿，酿造武陵酒特有的风味，更适合湖南人饮用。坚持优中选优的理念，创新关键工艺的环节，执行复杂的勾调流程。

2.坚持真藏实储

坚持 5+1+1+1(3) 的美酒储存公式，5：代表 5 年陶坛存储时间。1：代表 1 年基酒酿造时间。1：代表 I+I 罐，延续使用上批次 20% 的母酒。1(3)：分产品线采取 1 年瓶储 /3 个月瓶储。(如上酱及武陵王保持 1 年以上瓶储，武陵酒其他产品保持 3 个月以上瓶储。)

3.坚持严格管控

首创四级尝评制度，让评判标准更细化更深入、尝评流程更具体更有效、样本数量更丰富更准确，保证酒质的稳定性、一致性。

把价值当做信仰

质量为先，销量为后，求强不求大，不为销量的增长而牺牲质量，根据酿造能力对主销的高端产品进行严格瓶数控制。

1.厂家直销

消费者直达，保证消费者手中的武陵酒都是来自于原厂的正品；终端直达，对每家终端进行认证管理，保证每家终端的武陵酒都保质保真。

2.追根溯源

武陵酒的溯源管理系统实现了从生产到销售整个过程的透明化管理，并实现了产品溯源信息的写入和获取，从而解决了高端酱香产品现阶段存在的假酒顽疾。这其中包含了在原材料采集过程中的溯源信息生成、通过扫码随时获取溯源信息、生产销售的移动化管理三大核心环节，实现通过移动智能终端对武陵酒的生产和销售信息进行追溯。

武陵酒宣传资

桃花源里，美好武陵

见渔人，乃大惊，问所从来。具答之。便要还家，设酒杀鸡作食。村中闻有此人，咸来问讯。自云先世避秦时乱，率妻子邑人来此绝境，不复出焉，遂与外人间隔。问今是何世，乃不知有汉，无论魏晋。此人一一为具言所闻，皆叹惋。余人各复延至其家，皆出酒食。停数日，辞去。此中人语云：『不足为外人道也。』既出，得其船，便扶向路，处处志之。及郡下，诣太守，说如此。太守即遣人随其往，寻向所志，遂迷，不复得路。南阳刘子骥，高尚士也，闻之，欣然规往。未果，寻病终，后遂无问津者。

《桃花源记》

东晋·陶渊明

晋太元中，武陵人捕鱼为业。缘溪行，忘路之远近。忽逢桃花林，夹岸数百步，中无杂树，芳草鲜美，落英缤纷。渔人甚异之，复前行，欲穷其林。

林尽水源，便得一山，山有小口，仿佛若有光。便舍船，从口入。初极狭，才通人。复行数十步，豁然开朗。土地平旷，屋舍俨然，有良田、美池、桑竹之属。阡陌交通，鸡犬相闻。其中往来种作，男女衣着，悉如外人。黄发垂髫，并怡然自乐。

桃花源记

陶渊明

晋太元中，武陵人捕鱼为业。缘溪行，忘路之远近。忽逢桃花林，夹岸数百步，中无杂树，芳草鲜美，落英缤纷。渔人甚异之，复前行，欲穷其林。

林尽水源，便得一山，山有小口，仿佛若有光。便舍船，从口入。初极狭，才通人。复行数十步，豁然开朗。土地平旷，屋舍俨然，有良田、美池、桑竹之属。阡陌交通，鸡犬相闻。其中往来种作，男女衣着，悉如外人。黄发垂髫，并怡然自乐。

见渔人，乃大惊，问所从来。具答之。便要还家，设酒杀鸡作食。村中闻有此人，咸来问讯。自云先世避秦时乱，率妻子邑人来此绝境，不复出焉，遂与外人间隔。问今是何世，乃不知有汉，无论魏晋。此人一一为具言所闻，皆叹惋。余人各复延至其家，皆出酒食。停数日，辞去。此中人语云："不足为外人道也。"

既出，得其船，便扶向路，处处志之。及郡下，诣太守，说如此。太守即遣人随其往，寻向所志，遂迷，不复得路。

南阳刘子骥，高尚士也，闻之，欣然规往。未果，寻病终，后遂无问津者。

桃花源里，美好武陵　　鄢福初书

武陵酒香飘天下

（女声独唱）

1=D 4/4

♩=106 有情韵地

金沙 词
孟勇 曲

```
3 - - 5 | 6 6 - - | i - 6i 65 | 53 - - | 1·2 35 |
酱   香 名 酒   竞 风  流，   桃 花 源 里

6 - 5 #4 | 3 - - (6 i | 56 #43 -) | 5·3 56 | i - 6765 |
有  武  陵。        一    湖  洞 庭

#43 2321 | 2 - - - | 56i 6765 | 5·4 32 | 1 - - (23 |
当 酒 窖，     万 座 奇峰 作 酒 瓶。

5↑5 5↑5 5↑5) | 12 321 - | 43 235 - | 54 5321 |
天  有 意，  地 有 情， 云 藏 霞 染

6i 65 4321 | 5 - - (23 | 43 56 76 i2) | 32 23 76 |
酿   乾  坤。          杨 柳 青

i - - - | 2#i 22 76 | 5 - - - | 4·3 2321 |
青   桃 花 红，  高 举 金 杯

43 235 - | 32 2376 | i - - - | 2#i 22 76 | 5 - - - |
宴 宾 朋。 武陵 酒 香  飘  天 下，

6·5 356 | 27 576 - | 7·6 5356 | 7 - - - | 32 - 32 |
醉开 人间 满 园 春，  醉开 人 间       满

i·6 5356 | i - - - | i - - - | （间奏） :|| 32 - 32 |
园   春。                          满

i - - 676 | 50 356 | i - - - | i - - - | i0 0 0 0 ||
园    春。
```

武陵酒宣传资料

中国酱香白酒品鉴的三部曲

　　品鉴中国白酒，简单来说就是三部曲——先醒酒、观色，其次闻香，最后品尝滋味，即综合色、香、味的特点来判断酒体风格和品质的高低。

　　但需要特别说明的是，中国酱香白酒的品鉴和其他香型白酒不太一样。因为其"酸、甜、苦、辣、酱、枯、糊"七种味道的强弱程度，与温度变化的关系不尽相同。一般甜味在 37℃ 左右时最容易品味出来；酸味与温度关系较小，10℃～40℃ 的味感差异不大；苦味则随温度升高而味感减弱。高于 35℃ 时，大脑优先处理"烫"的信息，对其他风味的体会减弱；15℃～35℃ 之间，由于受体蛋白更活跃，使得感受的甜、苦、枯、糊味随着温度增加而味感信号增强。所以，整体来看，酱香酒的适宜品饮温度介于 21℃～35℃ 之间。

第一部，醒酒。

人们都熟知葡萄酒要醒酒的饮酒习惯，但为何中国白酒也要醒酒？

主要是因为中国白酒，尤其是陈年白酒，陈放在陶坛或酒瓶中保存时，一直都处于一种半休眠的状态。当启封开盖之后，酒分子在外部空气中的氧分子刺激下有一个慢慢苏醒的过程。

其次是观色，欣赏酒体是否通透。一般浓香型白酒的正常色泽应是无色透明，无悬浮物和沉淀物的液体。而酱香型白酒应该是微黄通透，陈年的酱香白酒则会出现酱香黄汤的诱人状态。

将白酒注入杯中，杯壁上不得出现环状不溶物。

将酒瓶倒置，在光线中观察酒体，不得有悬浮物、浑浊和沉淀。另外，在冬季，如白酒中有沉淀，可用水浴加热到30℃～40℃，如沉淀消失为正常。

第二部，闻香。

酒的香气鉴别方法是将酒杯举起，置酒杯于鼻下二寸处，头略低，轻嗅其气味。刚开始不要摇杯，只闻酒的香气挥发情况。然后，摇杯闻酒的香气。

凡是香气谐调，有愉快感，主体香突出，无其他邪杂气味，溢香性好，一倒出就香气四溢、芳香扑鼻的酒，说明酒中的香气物质较多。

另外，酒的香气分三种香气。即溢香、喷香和留香。所谓溢香是指酒的芳香或芳香成分溢散在杯口附近的空气中，用嗅觉即可直接辨别香气的浓度及特点。而喷香则是指酒液饮入口中，在口腔里残留的香气。留香是把酒下咽后，口中持续留有酒香气。

一般的白酒都具有一定的溢香，而很少有喷香或留香。名酒中的五粮液，就是以喷香著称；而茅台酒则是以空杯留香而闻名。白酒不应该有异味，诸如焦糊味、腐臭味、泥土味、糖味、酒糟味等不良气味均不应存在。

第三部，品评。

将酒杯送到嘴边，将酒含在口中，大约为4～10毫升。而且，每次含入口中的酒的容量，必须保持一致性。

先从香味淡的酒开始品尝，由淡而浓，再由浓而淡，反复多次。舌头抵住前额，将酒气随呼吸从鼻孔排出，以检查酒性是否刺鼻。在用舌头品尝酒的滋味时，要分析口中酒的各种味道变化情况。舌面要在口腔中移动，以领略涩味程度。

需要强调的是，品味陈年武陵酒，尤其需要以下三个方面的认识：

第一，醒酒时间要充分。至少40分钟，才能让沉睡多年的酒分子在醒酒器中苏醒。

第二，醒酒器建议选择玻璃器皿。原因很简单，只有玻璃器皿，才能更好地欣赏善饮者之欣喜若狂的"珠花""酱爆"和"爆黄"。

第三，要学会细细品鉴和分辨。一般构成酱香型白酒口感和风格的三种典型酒体香型为"酱香、醇甜、窖底香"，而这三种香型与武陵酒独特的"小兰花"香味和其令人印象深刻的收尾"焦香"是有区别的。

在陈年武陵老酒的"幽雅酱香"中，有着丝丝回甜。酒液进口应柔和爽口，带甜、酸，无异味，饮后要有余香味。同时，要注意余味时间的长短。酒留在口腔中约10秒钟之后，再用茶水漱口。

在初尝之后，则可适当加大入口量，以鉴定酒的回味长短、尾味是否干净，是回甜还是后苦，并鉴定有无刺激喉咙等不愉快的感觉。一般应根据两次尝味后形成的综合印象来判断酒的优劣。

根据以上步骤，一杯酱香武陵老酒的感官评测就算是基本完成。

编后记

"过门更相呼,有酒斟酌之。"中国白酒承载着民族文化的"礼和情",穿越历史隧道,印证了岁月,展现了文化,也赋予了美酒永不褪色的故事。《武陵酒图志》既是回望历史的纪念,更是迈向未来的启程。我们历经数载,着手编撰《武陵酒图志》,愿将湖湘酒文化的品藏魅力全面而精彩地呈现出来。

在本书的编撰过程中,我们做了以下方面的工作:

第一,文献资料整理:我们组织工作人员搜集查阅大量书籍文献、各大收藏家珍贵藏品、各大酒类、收藏类网站等。提炼精华,编写整理,内容丰富翔实,成书文字达数万字。

第二,实物图片收集:我们遍历全国各地,在各位名酒收藏家的帮助下,力求做到品种齐全、图片高清、力保真实性。

第三,图书版式装帧方面:图文并茂,美观大方,简洁明了。

第四,本书以中国名酒武陵酒主打产品为要点,以武陵酒重要品类为主线。挑选了武陵酒代表性产品多达300余款,年份从20世纪70年代至今,香型包括酱香、兼香、浓香、米香四种。

群体的力量和智慧是无穷的,尤其是对孤品级收藏品的查漏补缺,诸多历史文献的作者、本书全体编委和广大武陵酒忠实粉丝和收藏家们共同付出了大量的辛勤之作。《武陵酒图志》作为中国名酒系列丛书之一,全书共分十章,分别对武陵酒的历史渊源、发展历程,酿造工艺,产品特征,品鉴收藏,以及文化内涵等方面,有着详细的记述和介绍。经过广采博收,编纂资料,修易补正,细修严审,终于合卷完成,得以出版发行面世。

虽然本书对武陵酒的一些史实进行了力所能及的考证,但书中可能存在纰漏、失误和偏颇之处,敬请社会各界同仁、企业广大干部职工、武陵酒收藏者及广大读者批评指正。如有更好的武陵酒相关资料,如图书、图片、文献照片、报刊、画册、手稿等,请与我们联系,深表感谢。

在此,特别感谢陈年白酒收藏界各位朋友的鼎力支持和指导帮助。

最后,期待通过本书,赠予热爱陈年老酒的读者们一段魅力四射的武陵酒文化醉美之旅。醉美湖湘大地,微醺三湘四水。本书不是结束而是开始,开始拾掇"被遗忘的湖湘酒文化",探寻美好的壶中岁月和武陵追忆。

本书编撰过程中的参考文献及馆藏:

常德市志编纂委员会:《常德市志》,1993年。

蒋雁峰:《湖南酒文化》,中南大学出版社,2008年。

常德市政协文史资料委员会:《常德文史》,湖南省新闻出版局,1990年。

王以平:《湖南文学》,1990年。

《湖南省酿酒学会成立大会专刊》,1981年。

刘鹏:《湘酒记忆,醉美湖南——湖南陈年老酒收藏投资指南》,黄海数字出版社,2021年。

潇湘一品老酒收藏馆藏家——高正强。

清屋酒文化资料馆藏家——邓小昆。

中国食品工业协会《中国历届评酒会资料汇编》。

《人民日报》《中央日报》《中国食品报》《湖南日报》《湖南晚报》《常德日报》《常德晚报》《新湖南报》《湖南工人报》《潇湘晨报》《大刚报》《华夏酒报》《商标公报》《商标公告》等相关报道。

中国名酒收藏家、湖南省老酒收藏协会荣誉会长: